„Aber es ist unzumutbar und würde heißen, in der Armut und Not verharren, wolle man in der gleichen Weise wie früher wieder arbeiten. Die soziale Stabilität ist wichtiger als Nostalgie! Und es gibt die Möglichkeit mit modernen Herstellungsmitteln auch gut zu sein."

Max Schanz Spielzeug Gestalten im Erzgebirge
1895 – 1953

arnoldsche

Max Schanz,
1895 in Dresden geboren, 1953 in Seiffen / Erzgebirge verstorben, war von 1920 bis zu seinem Tod in Grünhainichen und Seiffen als Lehrer, Gestalter und Direktor der dortigen Spielwarenfachschule tätig. Zusammen mit seinem Kollegen Prof. Alwin Seifert prägte er über Jahrzehnte maßgeblich den Stil und die Qualität der erzgebirgischen Holz- und Spielwarenproduktion.

Max Schanz kam aus einer Familie, deren Vorfahren ausschließlich als Handwerker, Fabrik- und Lohnarbeiter in schweren Berufen ihren Lebensunterhalt verdienten. Sein Vater arbeitete als Eisendreher und ging mit über 70 Jahren noch täglich zu seiner Arbeitsstätte in Heidenau zu Fuß. Die Mütter waren in allen Generationen zuvor Hausfrauen. Es ist nicht bekannt, wer seinen jugendlichen Weg ins Künstlerische veranlasste.

Das Buch zeigt ein Stück Design- und Werkgeschichte in vier Jahrzehnten mit extrem wechselnden politischen Zeitläufen. Beginnend zum Ende des Kaiserreichs, von der Weimarer Republik über die Zeit des NS-Regimes bis in die frühe Zeit der DDR durchlebte er vier unterschiedliche Staatsformen. Dabei blieb seine Arbeit in ihrer gestalterischen Qualität und pädagogischen Haltung weitgehend unverändert.

6	**Spielzeugkunst**	74	**Erzgebirgische Weihnacht**
8	**Die Spielwarenindustrie unserer Erzgebirgischen Heimat** Max Schanz	76	**Erzgebirgische Weihnacht in Schwaben** Mathias Zahn
14	**Max Schanz – Lehrer, Gestalter, Initiator** Dr. Konrad Auerbach	78	**Eine Reise zum Spielzeug** Mathias Zahn
20	**Im Wald und auf der Heide**	82	**Behütet das Licht**
28	**Alles wuselt und gackert durcheinander**	84	**Schwibbögen**
30	**Gedrechselte Tiere**	88	**Striezelkinder** Dr. Urs Latus
34	**Es pfeift und dampft und wird erobert**	92	**Betrachtungen der Kurrende** Mathias Zahn
38	**Fahren, schaukeln – wippen, drehen**	94	**Tischpyramiden**
44	**Das Seiffener Reiterlein**	98	**Räuchermänner**
46	**Spielzeug Gestalten gestalten**	100	**Sultan Soliman**
48	**Alte Motive, neue Formen**	102	**Stülpner Karl**
50	**Alte Spielzeugkunst in zeitgemäßer Form und Herstellung** Dr. Urs Latus	104	**Nussknacker**
		106	**Bergmann und Engel**
56	**Von Engeln, Zwergen und Riesen**	110	**Weihnachtsmänner**
58	**Kasperle ist auch noch da**	112	**Dank an meinen Vater** Ursula Zahn, geb. Schanz
60	**Familiengeschichten**		
62	**Festliche Dekoration**	122	**Gabenengel**
64	**Wettstreit der Regionen** Mathias Zahn. Sabine Rommel	124	**Große Pyramiden**
		132	**Leuchterspinnen**
68	**Mit dem Bleistift denken** Mathias Zahn, Sabine Rommel	134	**Christbaumschmuck**
		136	**Laternen**
72	**Schnitzen, Drechseln, Reifendrehen**	140	**Mettengang** Edgar Hahnewald
		144	**Weihnachtsmensch und Mann der Kirche** Pfarrer Michael Harzer
		150	**Hirtenkrippe**

158 Findlinge

162 Das Gästebuch im Hause Schanz
164 Ein Zeichen für das Spielzeug
Mathias Zahn
170 Hommage an Max Schanz und das Erzgebirge
Peter Rößler
172 Die Seiffener Museumspyramide in München als Modell
174 Hans Reichelt und die Chemnitzer Fasnachtsabzeichen
Sabine Rommel
176 Seiffener Weihnachtsgaben für die Front
Max Schanz
180 Max Schanz – Schaffen ist Glück, schöpferisch sein ein göttliches Geschenk
Christoph Grauwiller
184 Außenbetrachtungen
Mathias Zahn
186 Landesverein Sächsischer Heimatschutz
Sabine Rommel
188 Elfriede Jahreiß
Mathias Zahn
190 Ein weites Läuten
Jannik Grimmbacher
194 Der Evangelische Kunstdienst Sachsen
196 Die Zeit nach 45 – Reflexion eines Lebens
Ursula Zahn, zusammengefasst von Sabine Rommel
200 Die Farben des Gebirges
202 Max Schanz – Lebensdaten in den Zeitumständen

204 Nachlass und Anlass zu diesem Buch
205 Formulierungen des Buches
206 Biografien
207 Personenregister
208 Bibliografie, Foto- und Bildnachweis
209 Impressum, Danksagung

*„Es ist ein Ding um Kinderspielzeug –
nicht jeder Schriftsteller kann Märchen erzählen,
nicht jeder Künstler kann Spielzeug entwerfen."*

Oskar Seyffert: *Spielzeug,* 1922

Spielzeugkunst

Die Spielwarenindustrie unserer Erzgebirgischen Heimat
Gewerbelehrer Max Schanz, Seiffen 1926

Für Ausstellungen und Gewerbeschauen wurde die szenische Darstellung „Sturm der Nussknacker" entwickelt und gebaut. Max Schanz erzählt hier diese Geschichte der Waren- und Spielzeughersteller durch die Figur des Nussknackers.

Nicht mit Geschichtszahlen und Daten soll dieser Artikel beginnen und die Arbeit des im Volksmunde allgemein mit *"War'macher"* bezeichneten Spielzeugverfertigers im Laufe der Jahrzehnte schildern. Ich bitte die lieben Leser vielmehr im Geiste mitzukommen, nach der vortrefflichen Sammlung alter und neuer Spielsachen in den Räumen der Staatlichen Fachschule Seiffen zu suchen, welche dort Herr Prof. Seifert mit rechtem Weitblick zu Nutz und Frommen von Industrie und Schule schuf. Da stehen sie, feierlich und ehrerbietend, aber auch mit Witz und verschmitztem Lachen auf dem Gesicht, die alten lieben Dinge, die die Welt unserer Kinderjahre bedeuteten und die hier die würdigen Vertreter des Anfangs unser heute so bedeutenden Spielwarenindustrie darstellten. Sie grüßen uns, nicken uns zu, soweit wir ihnen allerdings mit Verständnis entgegenkommen und ihnen die Meisterhand des Schöpfers dazu Freiheit gelassen hat. Und in der Ecke gähnt gar wieder in ansehnlicher und erschreckender Breite der alte Vater Nussknacker, da man ihn mit samt seiner Schar wieder einmal von alten Tagen erzählen lassen will, wie er und nach ihm so viele seiner umliegenden Nachbarn das Licht der Welt erblickten und in die Welt hinauswanderten in alle Lande und wie ihm das Glück zuteil geworden ist, wie ein alter Feldgrauer nach der Heimat zurückkehren zu dürfen. Und was nun alles weiter erzählt wird, ist so viel und so Köstliches, dass man es schwerlich nacherzählen kann.

Und doch wollen wir ihnen noch etwas lauschen, zumal da sie heute zu Ehren des *„Erzgebirgischen Anzeigers"* zu seiner 75-jährigen Jubelfeier, der ja auch ihre Interessen laut Aufschrift vertreten will, anscheinend besonders gern berichten von früheren Tagen, da ihnen die erzgebirgische Tageszeitung noch nicht zur Seite stand.

Die alten lieben Dinge in ihren köstlich naiven Ideen, in ihrer brillanten handwerklichen Technik und der gesunden freudigen Farbgebung, wenn sie berichten, wie der alte fromme Bergmann des 16. Jahrhunderts, da ihm der Bergbau immer geringeren Verdienst brachte und schließlich ganz eingestellt werden musste, aus dem Sinn und der Lust heraus zum selbstschöpferischen Basteln und Gestalten zum Dreheisen und Schnitzer griff, um Nadelbüchsen und andere wohlgeformte Dinge, zumeist erst Gebrauchsgegenstände zu gestalten und sich nach und nach ein neues Gewerbe aufzubauen. Kaufleute aus Nürnberg und später auch aus Sonneberg kamen und kauften auf und boten die hier gefertigten Spielzeuge draußen als *„Nürnberger Tand"* bis sie nach und nach erst vermittels heimischer Kaufleute den Weg zur Messe und den öffentlichen Märkten direkt fanden. Rege Nachfrage begünstigte den Aufbau der Heimarbeit, in allen Hütten und Häusern drehte, schnitzte, hämmerte und malte man in mehr oder weniger größerer Familienzahl, nutzte den Holzreichtum der weitverbreiteten, erzgebirgischen Wälder aus und entwickelte die Techniken und das handwerkliche Können, die heute noch die Grundlage unserer Industrie bilden.

Die Ausnutzung der meist reichlich mit Wasser versehenen Gebirgsbäche führte die Verfertiger zur Anlage von Drehwerken, deren es früher eine ganze Kette gegeben hat, mit einem verbindenden Wassergraben, der die Kraftader von einem Werk zum anderen bildete. Hier fanden sie Gelegenheit, an Stelle der Fußdrehbank eine Drehstelle am Wasserrad zu pachten und so unaufhaltsam, wie das Wasser von Stufe zu Stufe des Mühlrades und von Mühlrad zu Mühlrad weiter plätscherte, drehte man emsig bis in die tiefen Nächte hinein beim Schein des Rüböls und rang den Naturkräften mit geschickter Hand all die verlangten und selbsterdachten Kunstdinge ab. Trat Wassermangel ein, so dass das Wasser hier und da gesammelt werden musste, dann stand man beisammen und erzählte von allerlei Wundern der Welt, von kuriosen Männern des Gebirges, wie wir noch einen als den *„Stülpner-Karl"* durch die Überlieferung kennen, oder tuschelten über Ideen und Pläne zum Bau eines neuen großen Leuchters fürs nächste Christfest. Zum Glück hat sich dieser schöne Gedanke, diese so handwerklich schöne Bereicherung der Weihnachtsstube im Gebirge bis auf die Jetztzeit erhalten und man kann nur wünschen, dass all diese herrlichen Gebräuche, wie auch das Christmettengehen mit den bunten Laternen, die aus dem gesunden Handwerk und einer bejahenden Weltanschauung entstanden sind, auch in Zukunft erhalten bleiben. Leicht ist beseitigt, viel schwerer dagegen Ebenbürtiges aufzubauen.

Aus den Wasserdrehwerken entwickelten sich in den Jahren 1865 – 70 die Dampfbetriebe, die vielen Drechslern Arbeit und Arbeitsstellen boten, bis schließlich kurz vor dem Kriege die elektrische Kraft auch diese wieder mehr verdrängte und heute fast in jedem Hause Licht und Energie für die neuzeitlichen Holzbearbeitungsmaschinen bietet. Die War'macher im Laufe der Zeiten hatten es verstanden, sich auch den Fortschritt in der Technik zu eigen zu machen und den Maschinen mancherlei Vorarbeiten abzuringen, um konkurrenz- und leistungsfähig zu bleiben. Nur sollte er sich in Zukunft hüten, sein handwerkliches Können ganz der Maschine zu übergeben, damit nicht das besondere Gepräge, was seine Schöpfungen bisher trug und was die Dinge draußen auf dem Weltmarkt so begehrenswert machte, verloren geht. Holzbearbeitungsmaschinen zur Anfertigung einfachster und roher Holzteile bezw. Gebrauchsgegenstände ohne individuellen Charakter stellt man heute vielleicht in Gegenden mit mehr Holzreichtum und mit ausgebauten Transportverhältnissen rentabler auf als im oberen Erzgebirge. Das Spielzeug und vor allem auch das moderne, will eine Seele haben, durch die es zum Menschen und vor allem zum Kinde spricht, eine gute Idee in geschmackvoller Durchführung, handwerkliches Können, was zum Betrachten und Nachahmen anreizt. Und da all diese grundlegenden Dinge zur Anfertigung von brauchbarem guten Spielzeug in der traditionellen Entwicklung unserer erzgebirgischen Industrie verankert sind, soll man unbedingt an ihnen festhalten, ohne sich den Fortschritten der Technik und Maschine verschließen zu müssen. Die Maschine soll willkommene Helferin, aber nie Schöpferin sein, wenn die erzgebirgische Spielware auf dem Markt weiter eine Note haben soll.

An Neuerungen, neuen Wegen und Mustern hat es gewiss im Erzgebirge nie gefehlt. Teils von heimkehrenden Kaufleuten, teils von der nahezu 75 Jahre bestehenden Fachschule, zu großem Teil aber auch von den findigen Erzgebirglern selbst. Viele dieser Bestrebungen haben sich zum Nutzen der Industrie ausgewirkt, wir brauchen nur an die Neuheit der Miniaturspielwaren zu denken, die ein großes Geschäft für die fleißigen War'macher brachten auf Jahre hinaus. Die scheinbar goldene Zeit der Inflation gab auch unserer Spielwarenindustrie eine gewaltige Arbeitsmöglichkeit und die Menge an Spielwaren, die allwöchentlich im Bahnhof Dittersbach-Seiffen allein verladen wurde, oder im Tragekorb nach Olbernhau, Grünhainichen wanderte, versetzte den Fremden in Erstaunen und würde, könnte man sie heute einmal übersehen, gewiß auch für den Verfertiger erschreckend sein. Leider war es nur eine Scheinblüte, für die hier in all den Hütten und Häusern so unendlicher Fleiß gegeben worden ist und die ihre tiefen Schatten noch bis in die heutigen Tage wirft. Auch die Kriegszeit forderte eine teilweise Umstellung der Produktion auf Heeresgerät, soweit nicht der brave Handwerker auch draußen im feldgrauen Kleide seine Vaterlandspflicht ausüben musste.

So schwer die Zeiten kommen mochten, das Spielwarengewerbe hat stand gehalten, so zähe wie dereinst die ersten Ansiedler, die aus Dankbarkeit für den neuen zugeteilten Heimatboden durch Kriege hindurch zur Heimatscholle hielten und dem Boden das kärgliche Brot abrangen. Nöte führen die Menschen zusammen und nach dem Beispiel der schon einige Jahrzehnte bestehenden Reifendreher-Innung haben sich jetzt auch aus den Nöten unserer Tage die Drechsler im oberen Spielwarenbezirk zu einer Innung zusammen gefunden, die hoffentlich eine recht segensreiche Tätigkeit für das Wohl der War'macher im Spielzeuggewerbe entfalten wird. Auch die Kaufmannschaft ist zum größeren Faktor geworden und führt die Namen der fleißigen Gebirgsorte direkt in die Welt und nicht mehr auf Umwegen wie früher. Auf zahlreichen Ausstellungen war erzgebirgische Kunst vertreten, im größeren Stile zur vergangenen Jahresschau *Sport und Spiel* in Dresden, welche den guten Ruf unserer Industrie befestigten. Wo wir also hinschauen, Fortschritt, Fortentwicklung und frisches Leben.

Und an demselben Strang zieht seit nunmehr fast 75 Jahren die Staatliche Fachschule in Seiffen, indem sie junge War'macher, nicht Einzelkünstler, heranbildet und schult, ihnen handwerkliche Techniken lehrt, zu gutem Geschmack im Spielzeug erzieht und Sinn und Herz für selbstschöpferisches Gestalten und Arbeiten lebendig macht, damit aus dieser Generation ein würdiger Nachwuchs unsrer Industrie erwachse. Im Drehen, Schnitzen, Zeichnen, Malen und Tischlern erhalten die Schüler Anweisung und es wird sich für alle Freunde der heimischen Industrie zum nächsten Jahre zur 75-jährigen Jubelfeier Gelegenheit bieten, Arbeiten und Ziele der gut besuchten Fachschule zu beschauen.

Es muß und wird sich also der War'macher im besten Sinne des Wortes auch über die gegenwärtig schlechten Zeiten hinweg den Weg zu Neuem suchen und finden; hält er fest an seiner individuellen Begabung und handwerklichen Geschicklichkeit, bleibt er der Künstler im Spielzeug und gibt er seinen Schöpfungen auch weiterhin das besondere Gepräge wie bisher. Eine Industrie von solch starker Tradition und Eigenart wie die unserer tüchtigen War'macher wird nicht so schnell beiseite zu schieben und zu übertreffen sein. Ein *„Glückauf"* ihrer Zukunft.

So hat weitererzählt der alte Nussknacker im Spielwarenmuseum, der alles miterlebte und mit flammendem Auge euch auch Hoffnung macht.

Textquelle:
Jubiläumsausgabe Erzgebirgischer
Generalanzeiger

2

3

1 Umbau mit Erweiterung des Fachschulgebäudes 1927. Die junge Familie Schanz mit ihrer Tochter Ursula.

2 Die Malklasse 1940/45. Tisch und Regal wurden mit zahlreichen Werk- und Lehrstücken der Fachgewerbeschule dekoriert.

3 Die neuen Werkstatträume. Hell und großzügig und mit klassisch-modernen Lampen ausgestattet.

4

Die Staatliche Fachgewerbeschule Seiffen wurde 1852 als *Spielwarenschule* gegründet. Von 1914 bis 1933 leitete Prof. Alwin Seifert die Seiffener Schule. Max Schanz begann 1920 als *Fachgewerbelehrer für Zeichnen*.

Max Schanz – Lehrer, Gestalter, Initiator
Dr. Konrad Auerbach, Seiffen 2020

Max Schanz, ausgebildet als Zeichenlehrer, trat am 1. August 1920 an der Staatlichen Spielwarenschule Seiffen die Stelle eines Gewerbelehrers an. Neben ihm waren damals Studienrat von Schulz sowie die Fachlehrer Hugo Drechsel und Hugo Flath tätig. Obgleich die Leitung der Schulen von Grünhainichen und Seiffen noch bis 1933 in der Hand von Prof. Alwin Seifert (1873 – 1937) lag, wirkte Schanz in Seiffen zunehmend eigenständig. Vor allem die Organisation des Seiffener Schulbetriebes wurde ihm Ende der 1920er Jahre umfassend übertragen. Mit Genehmigung des Wirtschaftsministeriums rief Schanz 1923 eine Vereinigung ehemaliger Fachschüler ins Leben. Unter seinem Vorsitz gelang es den nahezu 20 Mitgliedern, das Kultur- und Geistesleben im Ort zu bereichern und an regelmäßigen Veranstaltungen und Werkabenden auch Fortbildungen zu realisieren.

1931 wurde Max Schanz zum Oberlehrer ernannt, 1933/34 übernahm er die kommissarische Leitung von Grünhainichen und Seiffen und am 1. Juli 1935 berief man ihn zum Direktor der Staatlichen Spielwarenfach- und Gewerbeschule in Seiffen. Neben der Tätigkeit der Schulleitung unterrichtete Max Schanz besonders im Freihandzeichnen, im Schmücken und Schnitzen.

Prägend für die Fachschüler war vor allem der Lehrer Schanz mit einem wohldurchdachten, didaktischen Unterricht. In Erinnerung sind sowohl das lockere, gemeinschaftliche Zeichnen im Freien mit ihm, als auch seine vehementen Berichtigungen der zeichnerischen Schülerentwürfe, bei denen die leise Schülerlinie oft unter stürmischem Überzeichnen schließlich zum Schanz'schen Strich wurde, der mit Strenge ein korrektes Arbeiten anmahnte. Das *„Landschaftern"* (das freie Zeichnen der dörflichen Umgebung vor der Natur) blieb selbst um 1950 Bestandteil der Seiffener Fachschulausbildung und führte auch später noch Seiffener Handwerker und am Zeichnen Interessierte zusammen. Ebenso eindrucksvoll blieben auch Fahrten nach Dresden oder Freiberg, die der Bildung, der kulturellen Anschauung und der Geselligkeit dienten.

Für Max Schanz mag die überlieferte erzgebirgische Volkskunst wohl nie ein rührseliger Gegenstand gewesen sein, dem man zu huldigen hätte. Möglicherweise spürte er bei fortschreitender Technisierung und Rationalisierung im Spielzeuggewerbe durchaus Unsicherheit im Umgang mit den althergebrachten Spielzeugformen. Anzunehmen ist, dass er das sogenannte hölzerne Volkskunstspielzeug und seine besondere Anmutung als eine wesentliche Basis für eine moderne Gestaltfindung empfunden hat. Das Zeitgemäße bei neuen Entwürfen verstand sich neben formalen Lösungen, wie beispielsweise zusammengesetzte Figuren mit verschiedenen „Drehachsen" oder das Anschneiden und Montieren gedrechselter Grundformen zeigen, auch als Suche nach dem maschinell und seriell Machbaren. *„Wenn wir vom Holzspielzeug sprechen, dann schwingt gewiss schon eine gewisse Wärme und Gefälligkeit in dieser Bezeichnung … und wie fein lässt sich auch hier durch die Maschine und die verschiedensten Werkzeuge, wie auch durch* die mannigfache Oberflächenbehandlung dieser schöne Werkstoff Holz zur Wirkung und Geltung bringen". [1] In Bezug auf die Herausforderungen seiner Zeit fand er schließlich zu folgender Einsicht. *„Aber es ist unzumutbar und würde heißen, in der Armut und Not verharren, wolle man in der gleichen Weise wie früher wieder arbeiten. Die soziale Stabilität ist wichtiger als Nostalgie! Und, es gibt die Möglichkeit mit modernen Herstellungsmitteln auch gut zu sein".* [2]

Eine Bildungsfahrt 1935 ins Sonneberger Gebiet führte ihn zur Auffassung, dass Seiffen vermutlich besser durch die Krisen der Spielzeugbranche gekommen ist, weil *„die Aufnahme der Herstellung kunstgewerblicher Weihnachts- und Geschenkartikel und Gebrauchsgegenstände als Ausgleich"* gedient habe. Auch fühlte er sich in seiner Schulauffassung bestätigt, vorrangig das Praktikable und in der täglichen Produktion Nutzbare zu lehren und zu entwerfen. An der Sonneberger Schule hingegen sähe man *„vor allem das künstlerische Moment, weniger das der unmittelbaren wirtschaftlichen und industriellen Verwertung aller schulischen Arbeit".* [3]

Großes Engagement von Schanz galt einer vielgestaltigen Werbung für erzgebirgisches Spielzeug. Neben seinem Wirken in Werbeausschüssen widmete er seine Kraft jahrelang dem Aufbau einer großen ständigen Seiffener Spielzeug-Werbeschau, die schließlich am 23. Mai 1936 eröffnet wurde. Gestalterisches sowie die praktische Realisierung lagen großteils in Verantwortung der Schule. Unter maßgebender, auch gestalterischer Mitwirkung von Praktiker und Gewerbelehrer Kurt Pflugbeil (1900 – 1968) waren auch Schüler der Fachschule am Umbaugeschehen beteiligt. Das von Schanz entworfene Plakat und das Ausstellungssignet förderten nicht nur die Identität der Schau, sondern konnten bei werbenden Kleindrucksachen ein geschlossenes Erscheinungsbild des gesamten *„Spielzeugdorfes"* unterstützen. Das Plakat selbst mit seinen typisierten Motiven Eisenbahn, Engel und Bergmann summierte werbeträchtig Vielfalt und Einprägsamkeit traditioneller erzgebirgischer Formen im Spielzeug- und Weihnachtsbereich. Die Zusammenstellung des stilisierten springenden Hirsches vor der Tanne ist als *„Bildzeichen"* bis zur Gegenwart bedeutsam und hat im Erzgebirgischen Spielzugmuseum Seiffen sowie seit 1954 auch in der Dregeno Seiffen seine Verwendung gefunden.

Max Schanz spürte seit den frühen 1930er Jahren in der dörflichen und regionalen Alltagskultur noch ungewohnte Kulturbereiche auf. Diese Angebote gestalteten nicht nur wesentliche Momente des örtlichen Zusammenlebens, sondern entfalteten werbewirksame und touristische Attraktivität. Zu seinen Verdiensten gehörten Anregungen für eine Trachtengruppe *„Lebendiges Spielzeug"*, die Organisation von Bühnenaufführungen oder Dichterlesungen und auch die Belebung des Theaterbetriebes. Es war auch sein Vorschlag, die aus der Bergbauvergangenheit Seiffens überkommene Binge *„Geyerin"* als sommerlichen Aufführungsort für Kulturveranstaltungen weiter auszubauen. Am 22. Juli 1934 wurde diese *„Freilichtbühne Seiffen"* eröffnet. Für Aufsehen sorgten immer wieder prächtige Kulissen, an deren Herstellung und Aufbau ehemalige Fachschüler und die Spielwarenschule großen Anteil hatten.

Einige Fachschulentwürfe, meist aus seiner Hand, hielten Anfang der 1930er Einzug in die serielle Fertigung. Dazu gehören die Kurrendefiguren, später in der Produktion von Otto Ulbricht (1905 – 1972), und die heute weltbekannten Striezelkinder, die seriell in der Werkstatt von Max Auerbach (1890 – 1977) zur Herstellung gelangten. Beiden verlieh man 1937 auf der Pariser Weltausstellung eine Goldmedaille. Etwas Unsicherheit im Umgang mit diesen „Neuheiten" vermag man aus den Worten des Kunsthistorikers und Volkskundlers Spamer zu erkennen, wenn er sie zwar als „ … *weit bekannt, technisch vorzüglich und reizvoll in der Komposition*" einschätzte, ihnen jedoch als „*geschmackvolle Niedlichkeiten … keinen Eingang in die erzgebirgische Kleinhäuslerweihnacht*" [4] zutraute. Dennoch achtete Spamer die Ergebnisse der Seiffener Fachschule, besonders die der fundierten Werkstattausbildung, welche unter Max Schanz ein hohes Anforderungsniveau erhielt. Zu den öffentlich wahrgenommenen Objekten und Aktionen, die maßgeblich seine Handschrift trugen, gehörten unter anderem Laternen, ein Krippenhaus mit Figurensatz, der nickende Weihnachtsmann, silhouettenartige thematische Schwibbögen sowie verschiedenste Räuchermänner, Engel- und Bergmannsvarianten.

Schüler an der „*Staatlichen Fachgewerbeschule Seiffen*" wurden schon in den 1920er Jahren mit einem praxisorientierten Gerüst an gestalterischen, technologischen und betriebswirtschaftlichen Fertigkeiten ausgestattet. Konkrete Lehrziele sowie festgefügte methodische und inhaltliche Schritte in der Ausbildung ließen schließlich Mitte der 1930er Jahre das Berufsbild eines erzgebirgischen Spielzeugmachers heranreifen. Nachdem 1936 der Spielzeughersteller, vor allem auf intensives Betreiben von Max Schanz hin, zum Handwerks- und Lehrberuf erhoben worden war, galt es ab 1939 den Erhalt und den Ausbau des Fachschulstatus der Seiffener Ausbildung langfristig zu sichern. Max Schanz gelang es, ab Ostern 1941 eine eigenständige Ausbildungsklasse für Spielzeughandwerker genehmigt zu bekommen, deren Ausbildung ab 1942 als staatliche Lehrwerkstatt eingestuft und anerkannt wurde. Die Spielwarenfachschule Seiffen war so bis 1945 eine „*Spielwarenfach- und Gewerbeschule*". Sie war staatlich und zugleich mit der allgemeinen Berufsschule gekoppelt, d.h., sie erteilte sowohl Fach- als auch den erforderlichen Berufsschulunterricht. Außer den obligatorischen Berufsschulklassen wurde jedes Jahr eine Vollklasse mit 15 bis 20 Schülern aufgenommen, die ab 1936 mit der Schule in einem dreijährigen Lehrverhältnis standen. Vor 1936 erhielten Absolventen ein Zeugnis, später wurde eine Gesellenprüfung abgelegt. Mit Stolz konnte man nun als „*Holzspielzeugmacher*" ein Gesellenstück vorweisen. Das von Max Schanz forcierte Projekt der Berufsanerkennung und -ausbildung war ein entscheidender Schritt hin zu jenen Meisterwerkstätten im Spielzeugmacherhandwerk, die nach dem 2. Weltkrieg im Raum Seiffen individuelle Handschriften ausprägen konnten.

Der über Jahre durchgängige Lehrbetrieb in dem Fach „*Schmückender Unterricht*" und den Entwurfsanleitungen und Entwurfsübungen brachte einen relativ festgefügten Farb- und Formenkanon mit sich. „*Im Gegensatz zu Seifert verdichtet Schanz das Flüchtig-Spielerische von Formen,*

Farben, Linien zu statischer Strenge. Mitunter scheint es, als habe so etwas wie ein Fachschulstil entstehen wollen" [5]. In den Erzeugnissen aus den Werkstätten einstiger Seiffener Fachschüler wirkten die erlernten Ornamente, figürlichen Kompositionen, Farbstimmungen und Gestaltungsweisen jahrzehntelang nach. Die formreduzierte gedrechselte Figur etwa, die dekorative, lasierende oder deckende Ölfarbe, das sogenannte *„Fachschuldekor"* am Gegenstand oder der 8-strahlige Ornamentstern – all das war unter Max Schanz nicht nur zum Ausbildungsmaßstab erhoben worden, sondern wurde in ganz Seiffen im öffentlichen Raum genutzt. Wegweiser, Anschlagtafeln, schmückende Elemente an Häusern und in Fenstern waren über Jahrzehnte von dem geprägt, was von Schanz gestaltet und über das Instrument Fachschule in den Dorfalltag übernommen worden war.

Die Hauptschaffenszeit von Max Schanz an der Spielwarenfachschule fällt in eine Epoche großer menschlicher Herausforderungen. Schon Anfang der 1940er Jahre warfen die Kriegsbedingungen ihre Schatten auf das Arbeiten der Schule. In Erinnerung der älteren Seiffener sind beispielsweise die Weihnachtsgaben für die Front, die die Handschrift von Max Schanz tragen – zerlegbar konstruiert, um sie in eine Feldpostsendung packen zu können, schlicht in der Form und Farbgebung und dennoch von eigenartiger Anziehungskraft. Die Stabpyramide mit dem spielzeugziehenden Weihnachtsmann oder der kleine Schwibbogen mit dem verschneiten Spielzeugdorf waren Vorbild und Anregung für die Nachkriegsgenerationen.

Der Schulbetrieb wurde von Max Schanz bis in die letzten Kriegstage hinein aufrecht erhalten. Ungeachtet seiner persönlichen Lage versuchte er mit neuen Lehrplänen bereits im Sommer 1945 die Wege für den Weiterbestand der Fachschule zu ebnen. Im Interesse von Schülern und Lehrern bat er bei staatlichen Stellen um die Genehmigung für die Fortführung des Schulbetriebes, der schließlich im Oktober 1945, noch unter seiner Leitung, wieder aufgenommen wurde.

Nach seiner Entlassung aus dem Schuldienst aufgrund seiner NSDAP-Mitgliedschaft war Schanz als freischaffender Künstler ein wertvoller Berater der Seiffener Spielzeughersteller, beispielsweise von Richard Gläßer. Eine Broschüre *„Rund um den Schwartenberg"* aus dem Jahre 1949 trägt in der Umschlaggestaltung und mit zwölf Zeichnungen seine Handschrift. In jenen Jahren entstand neben geschnitzten Kostbarkeiten (Krippenfiguren) auch eine *„Glockenpyramide"* von beeindruckender Harmonie und Anmutung. Im Besitz des Seiffener Spielzeugmuseums ist zudem eine große Pyramide aus dem Jahr 1950. Deren gestalterische Grundstimmung wird von einem warmen Holzton bestimmt. Würdevoll und festlich sind Kanten, Schrägen und Tüllen in Rot und Gold hervorgehoben. Als typische Stockwerkspyramide in Seiffener Tradition hat Max Schanz das Gestell mit angehangenen goldfarbenen Glöckchen und Sternen bereichert. Engel mit Posaunen auf außen einsteckbaren Podesten unterbrechen die Folge der Kerzen. Tempelartig ist das obere Stockwerk gehalten, in welchem sich eine Engelschar im Kreise dreht. Wirt und Wirtin stehen der Krippengruppe und den Königen mit ihren Papierumhängen zur Seite. Kantig geschnitzte Schafe auf grünen Grundbrettchen erinnern an Spielwaren. Soldaten in abwechslungsreicher Formierung bestimmen die untere Scheibe. Die Figuren sind allesamt schlicht, aber dekorativ gehalten, mit matter Farbe (wohl zumeist Ölfarbe) gestrichen, mitunter auch lasiert. Die Flügel ziert der sogenannte „Fachschulstern". Das gestalterische Schaffen von Max Schanz klingt auch in Arbeiten von Elfriede Jahreiß (1907–1981) nach und gab Inspirationen für die Seiffener Werkstätten von Walter und Ursula Frohs, Erich Leichsenring, Gottfried Hübsch und anderen. Bis heute produziert die Werkstatt Volker und Heiko Flath mehrere Spielzeuge und Weihnachtsobjekte nach seinen Entwürfen.

„… wir holten uns Blumen, Gräser, Pflanzen und zeichneten sie mit Bleistift und auch farbig. Außerdem zeichneten wir Spielzeug, wo es auf die Perspektive mit ankam. Wir freuten uns, wenn es in die Natur ging – nannten es „landschaftlern" – wo wir uns ein schönes Motiv suchten, ein hübsches Erzgebirgshaus, im Hintergrund der Schwartenberg oder Ähnliches. Erst wurde gezeichnet, dann ging es zum Aquarell über."

Annemarie Metzner, ehemalige Schülerin der Spielzeugfachschule

Textquellen:

1 Schanz, Max: *Von der Volkskunst zur gewerbsmäßigen Spielzeugherstellung.* In: *Die Arbeitsschule, Leipzig 1942,* S. 186

2 Max Schanz wiedergegeben bei Ursula Zahn: *Ein Bericht zum 100. Geburtstag von Max Schanz. Maschinenschriftliches Manuskript,* 1995, Archiv Spielzeugmuseum Seiffen E 1.4.7. F

3 ARCHIV SPM: Schanz, M.: *Bericht über den Besuch in Sonneberg,* maschinenschriftlich, 1935, E 1.4

4 Spamer, A.: *Deutsche Volkskunst, Sachsen,* Weimar 1943, S. 61

5 Flade, Helmut: *Seiffener Spielzeug. Volkskunst aus dem Erzgebirge,* Dresden 1992, S. 26

1

2

3　Gruppenbild mit Lehrern –
　　Fachschüler um 1920/25,
　　Prof. Alwin Seifert (2. v. l.)
　　Max Schanz (2. v. r.)

4

Ein soziales Miteinander war wichtig und wurde im Dorf gepflegt. Max Schanz gründete zahlreiche gemeinschaftliche Einrichtungen und Veranstaltungen mit und bereicherte sie beständig durch seine Ideen.

1 Hasenkapelle um 1920/25, entstand vermutlich an der Gewerbeschule Grünhainichen.

2 Später Figurenentwurf. Durch Lasur wird das natürliche Holz betont. Die Verwendung von Lederohren war praktisch und schön. Sie galten schon immer als Besonderheit.

3 Die Skihasen mutierten später zu Langläufern.

4 5
Ab 1950. Skihasen tobten sich auf dem Entwurfsblatt aus. In der Serienfertigung übten sie mehr Disziplin. Dafür trugen sie unterschiedliche Trikots und eine Rückennummer. Fertigung in einem Seiffener Betrieb.

Im Wald und auf der Heide

4

5

1

2

3

4

1   4
Die Profile der Hasenkinder wurden in der Serie ohne Hasenmutti gefertigt. Entwurf Max Schanz

2   Hase auf Rädern,
    Höhe: ca. 12 cm

3   Der Hase und der Igel,
    Spielfiguren

5   Flachfiguren Märchenmotive

6   Tischkartenhalter

Figuren für Serienfertigungen einfach und gut zu gestalten ist immer eine besondere Kunst. Max Schanz beherrschte diese Maxime der klassischen Moderne hervorragend. Von seiner Ausbildung her eher akademischer Zeichner, hatte er ein besonderes Talent, mit grafisch-reduzierten Mitteln umzugehen.

Ob freistehende Spielfiguren, Brettlgruppen oder springende Rehe auf einem Metalldraht – allen Entwürfen liegt eine individuelle Abstrahierung zugrunde. Darin knüpfte Max Schanz auch an die Vorarbeit seines älteren Kollegen Alwin Seifert an. Zum Zeichen wurde der springende Hirsch in seinem Entwurf für die Spielzeug-Werbeschau 1936.

1

2

3

Max Schanz konnte professionell schnitzen. Betrachtet man seine Spielzeugentwürfe in der Zeitfolge liegen Ursprung und Schwerpunkt der Schnitzarbeiten wohl in den 20er Jahren. Dies belegen auch Fotografien, auf denen er Schüler darin anleitet. Umfangreich selbst geschnitzte Figuren entstehen aus seiner Hand erst wieder zwischen 1948 und 1953 mit der Hirtenkrippe und besonderen Pyramidenbestückungen.

1

2

3

Alles wuselt und gackert durcheinander

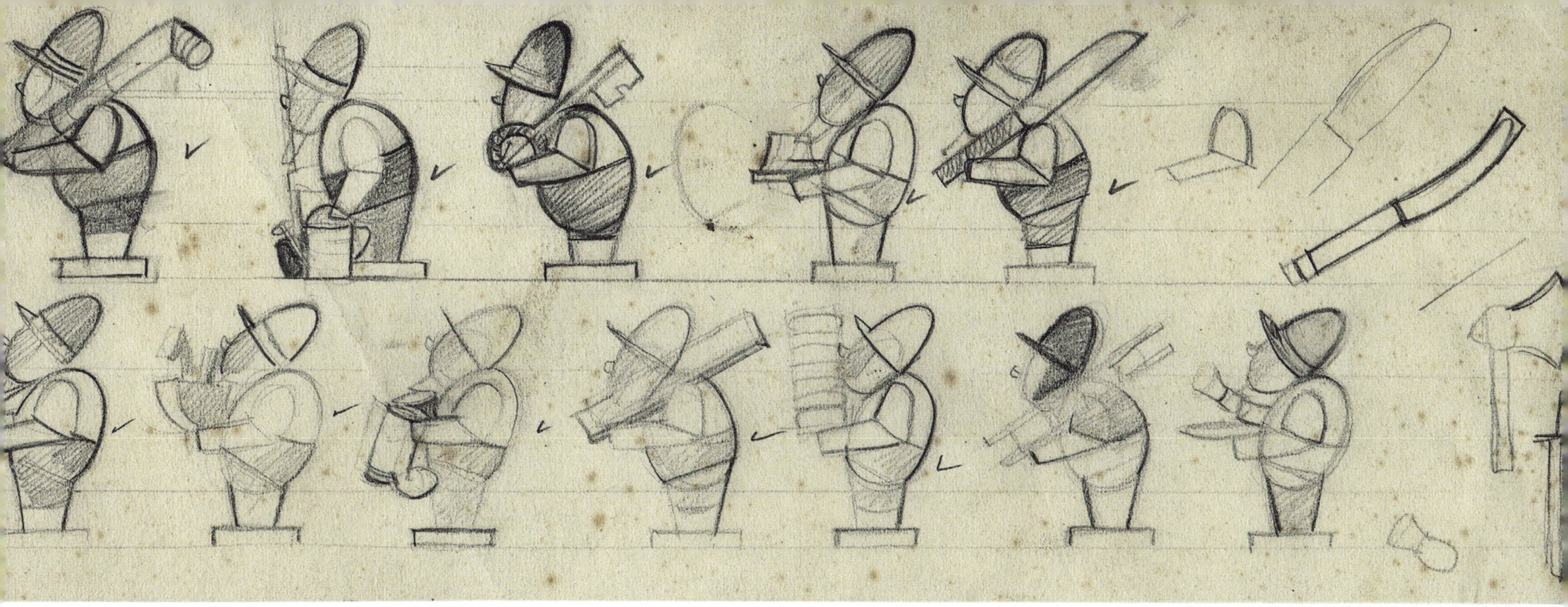

2

3

Anders als bei den Weihnachtsentwürfen zeichnete Max Schanz die Spielzeugfiguren in verschiedenen Haltungen und Bewegungen, oft mit unterschiedlichem Zubehör. Die Zeichnungen passen sich durch Varianten der Bewegungen, Haltungen und Accessoires der gewünschten Figur an. Es entstehen bunte Hühnerhaufen und Viehherden, die Gänse laufen nicht im Marsch und den Hütekindern weht ein kalter Wind rücklings in die Kleider.

2 3 4
1995 – zum 100. Geburtstag – ließ die Fa. Volker Flath in Seiffen eine kleine Zwergenserie aufleben. Die Köpfe sind drehbar verzapft. Zwerge basieren auf der Entwurfszeichnung um 1940. Replikat.

4

1

3

2

Gedrechselte Tiere

1 2 3 4
Viele gedrechselte Tiere entstanden in den späteren Jahren 1940/50, zunehmend nicht mehr mit dem Pinsel gemalt, sondern im Tauchverfahren lackiert. Die Tiere wurden von verschiedenen Herstellern in Varianten gefertigt. Elfriede Jahreiß übernahm Entwürfe für eine Hühnergruppe mit echten Federn als Flügel.
Der Hütejunge [1] ist älter, um 1920.

4 Die aus Draht gefertigten Gänsebeine sind eine kleine Besonderheit.

5 Gans oder Gänserich – der Hals ist im Gleichgewicht frei pendelnd aufgehängt. Schon durch einen zarten Windhauch oder einen kleinen Stupser bewegt sich die feine Mechanik und verleiht der Figur Leben. (siehe S. 48)

4

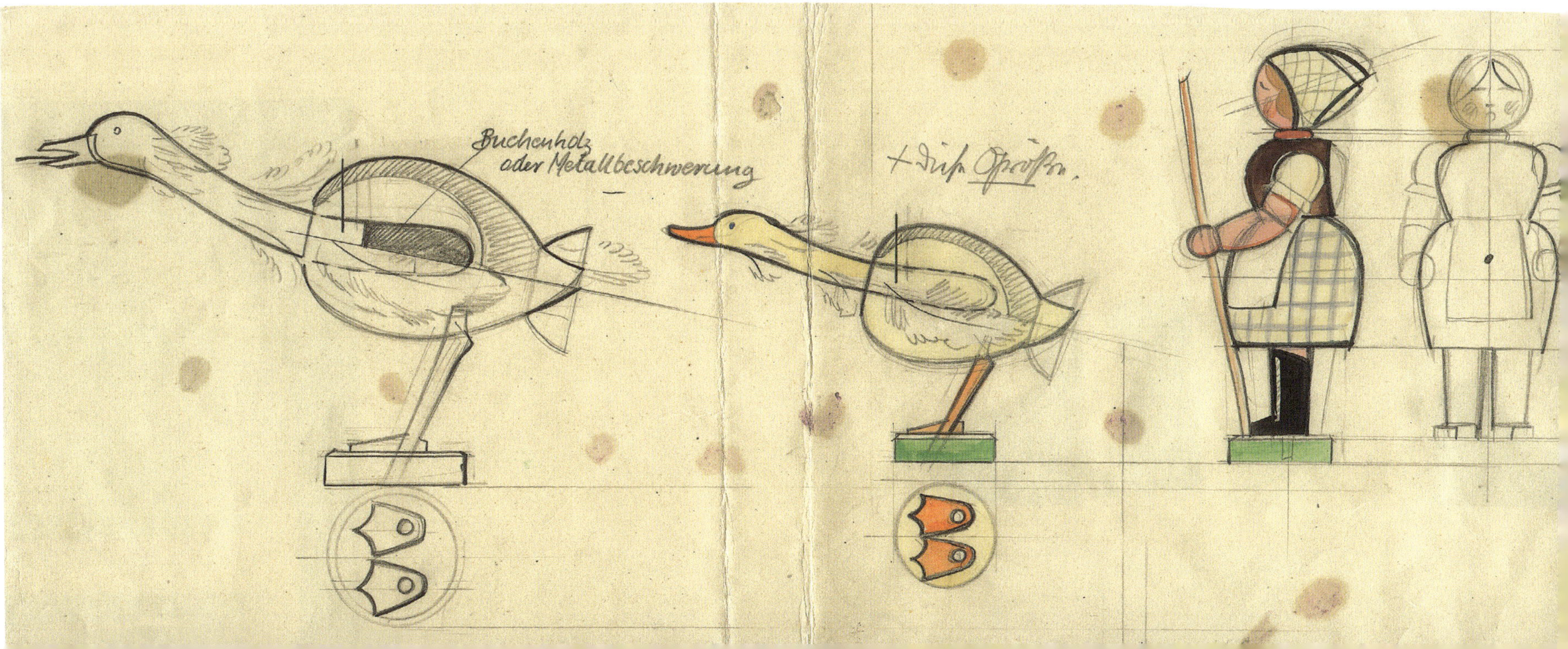

1

Nicht aus einem rohem Holzblock sondern aus konturgefrästen Brettchen wurden die Tierfiguren mit wenigen Schnitten in ihr Profil gebracht. Die hier gezeigten Szenen sind aus verschiedenen Einzelfiguren zusammengesetzt.

2

3

1 4 5
Entwurf Tiere Max Schanz,
Herstellung Figuren Fachschule.
Die flachen Bäume mit Kerbschnitten
sind eine frühe Form der Werkstatt
Emil Helbig aus Grünhainichen.

2 Historische Aufnahme der Gänse
mit Hütemädchen.
Spanbäume sind *wild gestochen*.
Entwurf Max Schanz

3 Entwurfsblatt Aufstellfiguren

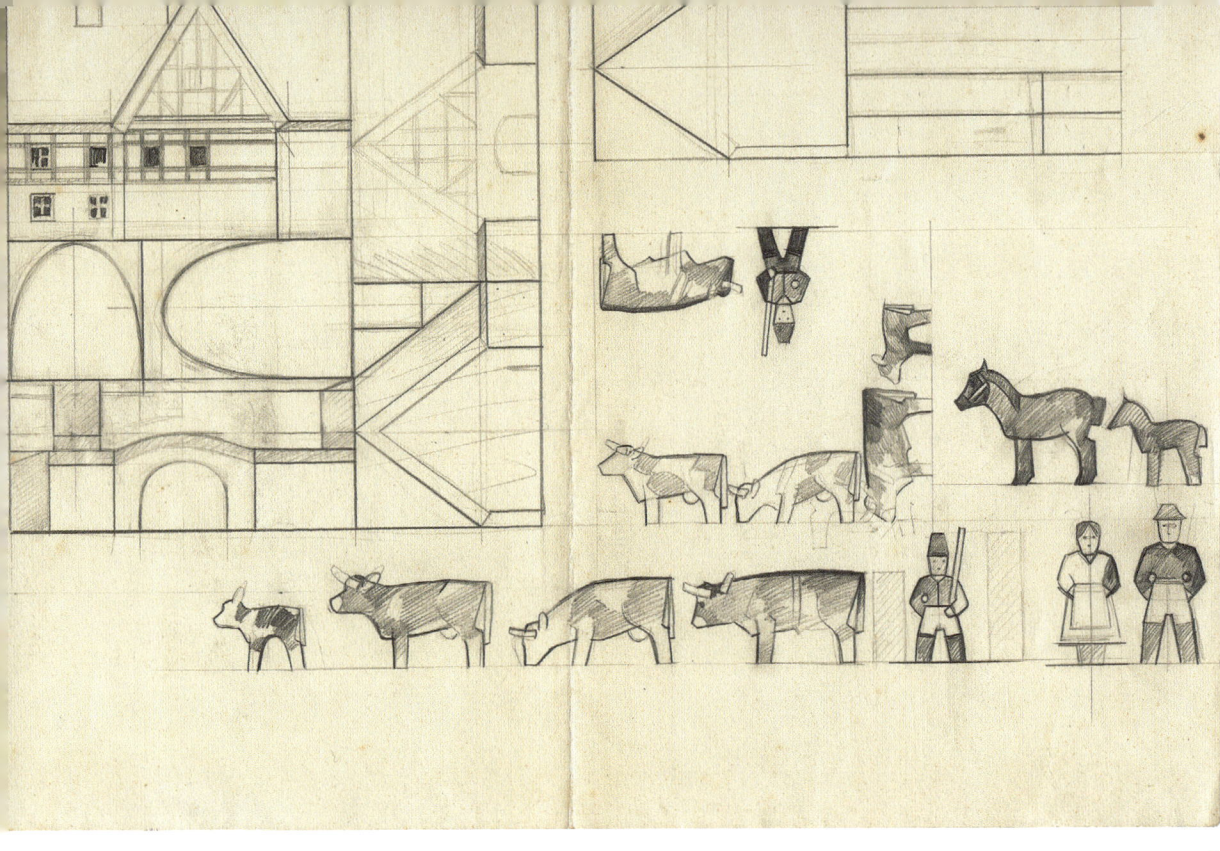

1 Entwurf eines Baukastens. Gehöft, Tiere und Bauernfamilie aus Brettln gesägt. Der Figurentyp der Kühe wurde in der Spielzeugschachtel [2] verwendet.

2 3
Kuhherde und *Altenberger Bimmelbahn* – zwei bekannte Spielzeuge in der Schachtel. Figuren, Umverpackung und Grafik zu einem ganzheitlichen Handels- und Verkaufsprodukt gestaltet. Fachschulentwurf, in Seiffen in Serie produziert.

4 Kleinspielzeuge brachten in großen Stückzahlen Arbeit nach Seiffen. Für Ausstattungen von Kaufläden, Ritterburgen und als Weihnachtsbaumhänger, gleichermaßen als WHW-Abzeichen verkauft. Gekonnte Abstraktion großer Motive in kleinen Formaten.

Es pfeift und dampft und wird erobert

Der Storchenreiter, Soldatengruppen, selbstverständlich eine Ritterburg und unterschiedliche Dorfhäuser gehörten zu den bekannten und beliebtesten Seifferner Waren. Über die Jahre änderte sich der Entwurfsstil in der Ausformung. Der Storchenreiter orientiert sich noch wesentlich am Grünhainicher Stil. Die Ritterburg besticht durch eine außerordentliche Abstraktion. Sie ist ein flexibler Baukasten im Stil des Bauhauses, kein fest gefügtes Gebäude. Bemalung und Formkanon sind maximal reduziert und diszipliniert.

Alle Entwürfe sind durch ein besonderes Zusammenspiel von unbehandelten Holzteilen und feinen farbigen Lasuren charakterisiert.

2

1

3

4

5

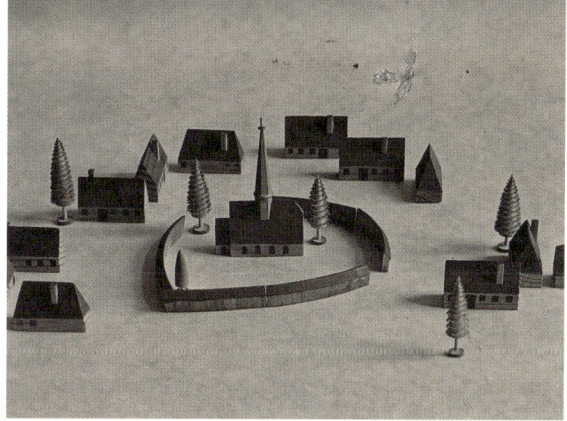

6

7

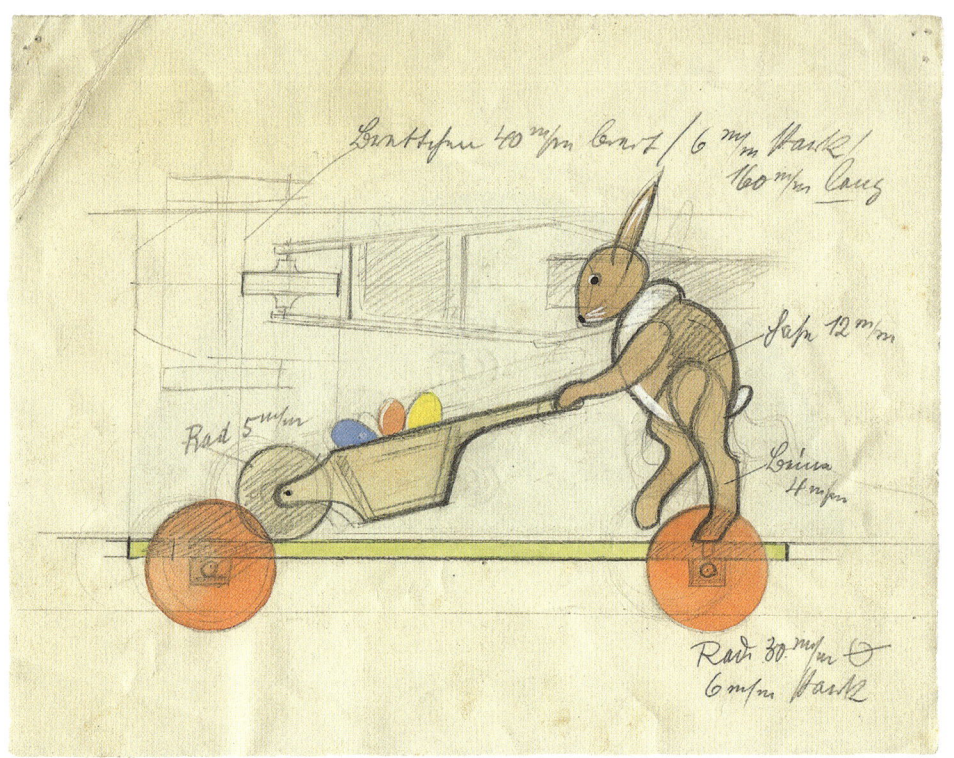

1 Osterhase zum Ziehen

2 An der Seiffener Fachschule wurde das Matrosenschiff modern und schnittig. Zeit um 1940.

3 Vorläuferschiff. Schiebt man das Marineschiff, bewegen sich die Matrosen gegenläufig in der Reihe. Es stammt im Orignal aus der Seiffener Werkstatt Rudolf Ulbricht um 1925. Entwurf wohl um 1915.

Große Spielzeuge leben durch spielerische Bewegungen erst auf. Ihre Mechaniken – einfach aber genial. Zumeist sind sie unmittelbar mit dem Objekt über Stell- und Drehräder, Wippen und einfache Transmissionen verbunden. Ihre Lebendigkeit entsteht durch das aktive Spielen. Dadurch unterscheiden sie sich von Automaten wie mechanische Theater oder dem Buckelbergwerk, bei denen Triebwerke elektrisch oder über Aufziehmechaniken für komplexe Abläufe sorgen.

Fahren, schaukeln – wippen, drehen

2

3

1

2 3 4
Die fahrbare Windmühle – eine geniale Idee! Herrscht Flaute, wird sie energetisch aktiviert und einfach an einen anderen Standort geschoben. Dabei klappern ihre Flügel wie die Mühle am rauschenden Bach. Entwurf Fachschulzeit.
Höhe: 22 cm

1 Tochter Ursula mit Schulkameradin im Malunterricht. Illustrative Vorlagen dienten zur Anregung der Fantasie und zur weiteren Abstraktion und Reduzierung der Bemalung.

1

2

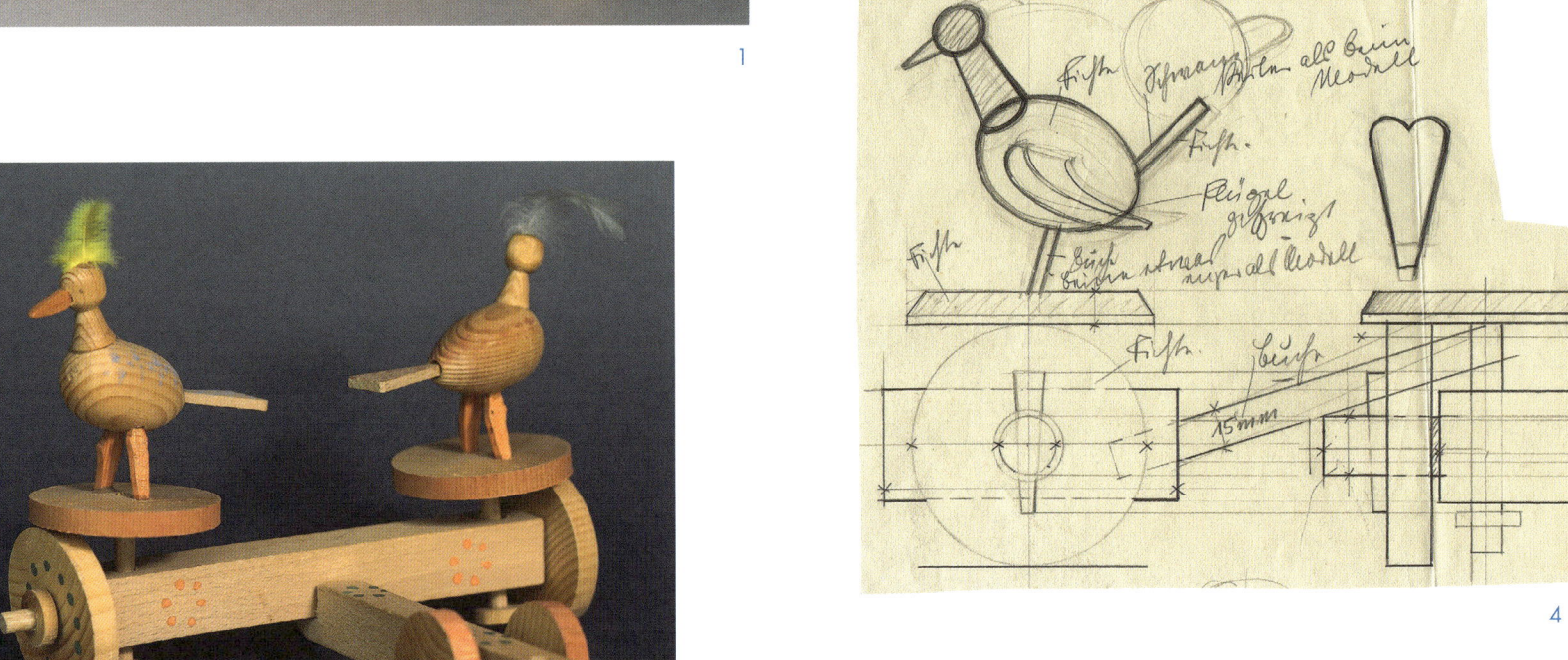

3

4

5

1 2 3 4
Das *Vogelkarussell*. Zwei Hühnervögel drehen sich beim Schieben um ihre Achsen. Ihr stolzer Kamm hat über die Jahre etwas Federn gelassen. Entwurf Max Schanz. Herstellung Werkstatt Gustav Auerbach.

5
Fahrzeuge wie den Ochsenkarren finden wir im Bild auf S. 13. Ziehvieh und Gespanne waren Motive, die typischerweise der Grünhainicher Schule zuzuordnen sind. Entwurf und Herstellung um 1925/30.

6 7
Turner und Eselsgespann, Entwurfszeichnung und Konstruktion. Mit Genauigkeit und viel Detailliebe wurden diese mechanischen Spielzeuge entworfen.

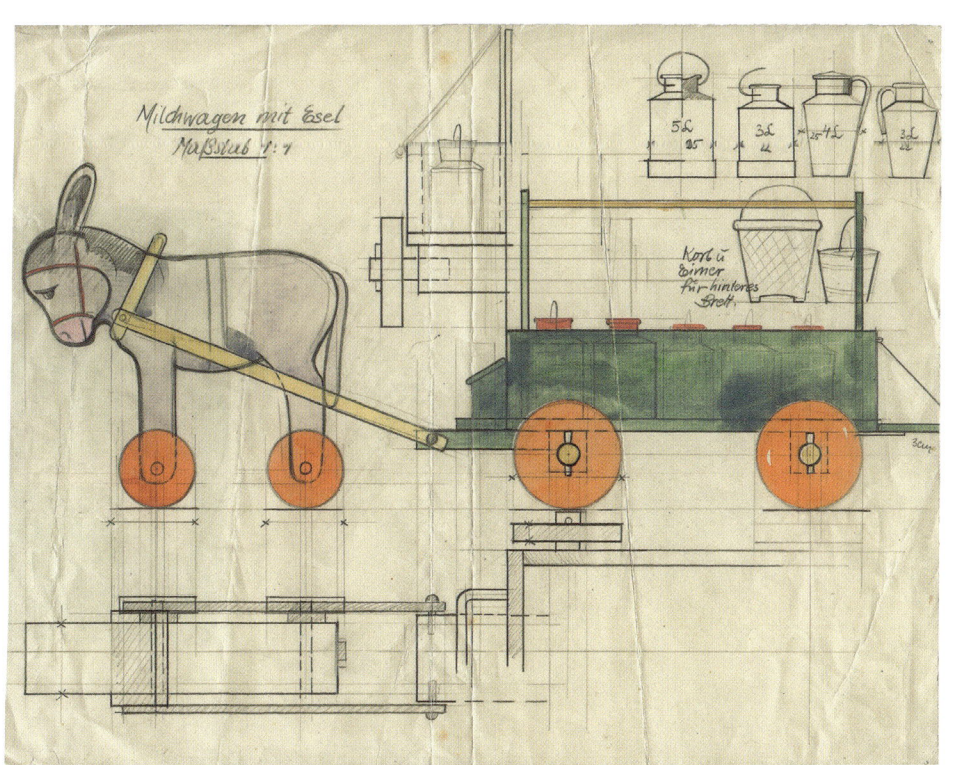

6

7

1

2

1 Entwurf Max Schanz
2 Fachschularbeit um 1950/60
3 Fachschularbeit um 1930
4 Frühere Formen um 1915/20

Berchtesgaden, Sonneberg oder Marienberg – die Spielzeugregionen haben ihr Reiterlein als Logo standardisiert. Die Schaukelpferde bei Max Schanz werden von verschiedenen Burschen geritten. Ihre Hüte machen den Unterschied. Auf der Titelseite des Buches erhalten sie ihren besonderen Platz.

Schaukeln und wippen – wie bei den Dreh- und Fahrspielen werden einfache Bewegungen in die wesentlichen Spielmerkmale übertragen. Sie machen ihren Charme und die Poesie aus.

Das Seiffener Reiterlein

Stets mit einem Augenzwickern zeichnete Schanz seine Figuren. Menschen aus seiner Umgebung, liebevoll in Charaktere gebracht. Eine feine Dame in aufrechter Haltung, gebeugte Spaziergänger in ihrer Winterkleidung und Kinder dazu.

Die Schreibweise des Buchtitels wurde in diesem Sinne gewählt. Durch das Gestalten entstehen die Spielzeug Gestalten. Dass so viele gut behütet sind, mag auch mit dem Beruf seiner Frau Hanna im Zusammenhang stehen. Sie war gelernte Modistin.

1 2

1995 wurden nach einem Entwurfsblatt von Max Schanz diese Figuren neu gefertigt. Durch schräge, achsiale Schnitte erhielten die Figuren ihren Schanz-typischen Haltungsstil. Replikate. Höhe: 12 – 15 cm

Spielzeug-Gestalten gestalten

Entwurfsinterpretationen älterer Motive, auch um daran traditionelle Herstellungstechniken zu üben, waren typische Gestaltungsaufgaben an der Fachschule. Dazu gehörten vielfach auch die Seiffener Reiterlein [S. 44].

1 2
Max und Moritz,
Figuren Max Schanz, um 1940.

3 Klapperpuppe, hohl gedrechselt und drei schnatternde Gänse mit Wackelköpfchen [siehe S. 31].

4 5
„Ringel, Ringel, Reihe,
wir sind der Kinder 2e"
Figuren Max Schanz vor 1930,
neue Interpretation des Vorgängerentwurfs von Alwin Seifert,
Breite: 12,5 cm, Höhe: 11 cm

1

2

3

4

Alte Motive, neue Formen

Alte Spielzeugkunst in zeitgemäßer Form und Herstellung
Dr. Urs Latus, Erlangen 2020

Die Heimatstadt Dresden, jene aufstrebende Industrie- und Kunstmetropole, die zu Beginn des 20. Jahrhunderts auch ein tonangebendes Zentrum der sogenannten deutschen Reformbewegung war, bot Max Schanz ein nachhaltig prägendes künstlerisches Umfeld. Insbesondere die fundierte Ausbildung an der Königlichen Kunstgewerbeschule[1] unter der umsichtigen Leitung von Karl Groß vermittelte ihm ein solides Fundament für seine künftige Berufspraxis. Der ebenso an der Kunstgewerbeschule tätige Dresdner Maler und aktive Netzwerker Oskar Seyffert, Lehrkraft für *„Figürliches Zeichnen, Geometrisches Flächenornament und Figurenzeichen"*[2], empfahl 1920 seinen Schüler Max Schanz als Gewerbelehrer ins Erzgebirge.

Als Pädagoge und praktisch tätiger Designer konnte Schanz die in Dresden erworbenen Grundlagen, insbesondere reformorientierte Gestaltungsansätze, sowohl der erzgebirgischen Holzindustrie als auch seinen Schülern weitervermitteln. Durch sein starkes künstlerisches und organisatorisches Engagement wirkte Max Schanz in Seiffen auf breiter Ebene stil-bildend und galt als Referenz. Das durch Oskar Seyffert in Dresden kunstpädagogisch vermittelte Stilkonzept einer Volkskunst überführte Schanz auf seine Weise konsequent in Richtung Industriedesign der Moderne. Seyfferts Verständnis eines sächsischen Volkskunst-Gewerbes wurde durch Max Schanz im Rahmen der Arbeit an der Seiffener Fachschule formalästhetisch weiterentwickelt.[3] Für ihn als Praktiker stand weniger die künstlerisch avantgardistische Formensprache zur Disposition. Hier unterscheidet er sich von zeitgenössischen Strömungen, wie sie beispielsweise an der Kunstgewerbeschule in Nürnberg, dem Bauhaus in Weimar oder der Sonneberger Industrie-Schule gepflegt wurden.[4] Schanz war ein Vertreter des gewerblich Machbaren unter besonderer Berücksichtigung der sich wandelnden Erfordernisse des Marktes. Das traditionelle schöpferische Formengut des erzgebirgischen Holzgewerbes bildete die Basis seiner professionellen Tätigkeit. Darauf aufbauend überformte er es jedoch unter Berücksichtigung der jeweiligen Anforderungen seiner Zeit. Besonders auffällig ist hierbei eine etwas streng wirkende aber äußerst klare Linienführung. Grafische Einflüsse der Wiener Methode der Bildstatistik (Isotype / Piktogramme) durch Otto Neurath, Marie Reidemeister und Gerd Arntz lassen sich hier nicht leugnen.

Sein sicherer, geübter Zeichenstrich und ein harmonischer Einsatz von Farbe wirkten positiv auf die von ihm propagierte Gestaltungslehre. Formvollendete Spannung kennzeichnet viele seiner Arbeiten. Mit ausgeloteten Entwurfskonzepten gelang es ihm, traditionell bewährte Handwerkstechniken und gewerbliche Serienproduktionen in Einklang zu bringen. Das Prinzip abstrahierter, fest umrissener Formen, ihre technische Reproduzierbarkeit und hervorragende Gebrauchseigenschaften galten ihm in Punkto Qualität als richtungsweisend. Im Vorfeld seiner Berufung zum Direktor der Staatlichen Spielwarenfach- und Gewerbeschule schrieb 1935 beispielsweise der Seiffener Fachschulausschuss an den Minister für Volksbildung: „Wenn die sächsische Spielwarenindustrie in den letzten beiden Jahren wieder gute Absatzmöglichkeiten fand, so ist das zu einem Teile mit auf das unermüdliche Wirken des Herrn Schanz zurückzuführen, in dem er durch Herausgabe neuer Entwürfe, insbesondere für kunstgewerbliche Gegenstände, Belehrung über Farbenzusammenstellung usw. die Belange der Spielwarenindustrie in jeder Beziehung förderte. (...) Durch gute Ausbildung der Schüler und Fortbildung der ehemaligen Schüler ist von ihm erreicht worden, daß im hiesigen Bezirk fast nur noch Qualitätsspielwaren hergestellt werden."[5] Schanz vermittelte seinen Schülern und den örtlichen Gewerbetreibenden eine moderne Produktästhetik, die in das unmittelbare Umfeld der Werkbundideen der 1920er / 1930er Jahre einzuordnen ist. Die im Ringen um Materialgerechtigkeit und Formvollendung wohl konsequentesten Entwürfe entstanden in dieser Zeit.[6] Er steht hier in der Reihe jener prägenden deutschen Gestalter*innen wie Hedwig Bollhagen, Marianne Brandt, Hermann Gretsch, Käte Kruse, Ernst Mahlau, Wilhelm Wagenfeld oder Grete Wendt. Zahlreiche ihrer Produkte aus den 1930er Jahren werden noch heute hergestellt und weltweit verkauft. Man kann sie daher mit gutem Grund auch als Entwürfe des 20. Jahrhunderts bezeichnen. Auffällig ist hierbei die Gemeinsamkeit, dass Arbeiten von Hedwig Bollhagen, Grete Wendt, Wilhelm Wagenfeld und Max Schanz bereits 1937 auf der Pariser Weltausstellung mit einer Goldmedaille gewürdigt wurden.

Welche gestalterischen Impulse Max Schanz von außen bekam, lässt sich heute aufgrund einer äußerst dünnen Aktenlage kaum rekonstruieren. Dienstreisen, Rechenschaftsberichte, vielfältige Ausstellungs-Aktivitäten, aktive Mitarbeit im Landesverein Sächsischer Heimatschutz und regelmäßige Besuche in der Landeshauptstadt Dresden sind belegt. Mit Alwin Seifert, seinem ersten Vorgesetzten und Leiter der Fachgewerbeschulen in Grünhainichen und Seiffen sowie mit Oskar Seyffert von der Kunstgewerbeschule in Dresden stand er im engen kollegialen Austausch. Alwin Seifert bescheinigte ihm z. B. in einem Arbeitszeugnis: „Der Wert der Tätigkeit des Herrn Gewerbelehrers Max Schanz ist gar nicht hoch genug einzuschätzen. (...) Ich kann mit bestem Gewissen bescheinigen, daß Herr Gewerbelehrer Schanz künstlerisch bestens befähigt ist und daß er ein selten großes Verantwortungsgefühl besitzt."[7] Welche Fachzeitschriften oder Branchenblätter Max Schanz zur Fortbildung nutzte, bleibt bislang leider unbekannt. Vielfältige Impulse sammelte er durch ein fortwährendes intensives Naturstudium seiner unmittelbaren Umgebung. Die sicher gezeichneten Aquarelle, beispielsweise der erzgebirgischen Landschaft, belegen dies augenscheinlich.

Resümierend kann man festhalten, noch heute ist die Handschrift des seiner Zeit geschätzten Fachschuldirektors sowohl im öffentlichen Raum der Gemeinde Seiffen als auch im Grafik- und Produktdesign zahlreicher Hersteller der Erzgebirgsregion präsent. Mitunter kommt diese Bild- und Formensprache sogar einem Corporate Design nahe.

Textquellen:

1 Ab 1918 Staatliche Kunstgewerbeschule, siehe auch Zeichenlehrer-Zeugniss Nachlass Schanz, Nr. 104

2 SächsHStA, Bestand 11125 Ministerium des Kultus u. öffentlichen Unterrichts, Nr. 18030, Bl. 150

3 Siehe: Auerbach, Konrad: *Idee Zeichnung Produkt. Die Spielwarenschule Seiffen von ihren Anfängen bis zur Gegenwart.* Seiffen 1995, S. 43 – 48

4 Vergleiche hierzu beispielhaft die Entwürfe der Nürnberger Maler und Grafiker Max Körner und Georg Weidenbacher, in: *Führer durch die Ausstellung: Das Spielzeug Nürnberg 1926,* Veröffentlichungen des Kunstarchivs Nr. 15, Nürnberg 1926, S. 21 – 25; bzw. die Arbeiten von Karl Staudinger, Industrie-Schule Sonneberg, in: *Deutsche Spielwarenzeitung,* 2. Januarheft 1930, S. 24

5 Nachlass Max Schanz, Familien Rommel und Zahn

6 Da Max Schanz in der Regel seine Entwürfe nicht signiert und bezeichnet hat, kann heute ein Teil der Arbeiten nur mit Hilfe weniger zeitgenössischer Quellen zeitlich korrekt eingeordnet werden.

7 Nachlass Max Schanz, Familien Rommel und Zahn

1907 wurde der *Deutsche Werkbund* gegründet, maßgeblich von liberalen Poltikern mit initiiert und bis 1933 geleitet. Bereits zuvor begannen umfangreiche Maßnahmen zur Förderung des Kunsthandwerks. Fachlehrer wurden ausgebildet, Gewerbeschulen eingerichtet und Studienzweige modernisiert. Kulturwisschenschaftler wurden wesentlich in diesen Prozessen gehört. Auf allen gesellschaftlichen Ebenen setzte ein radikaler Wandel des Denkens und Tuns ein, der vor allem in der Weimarer Republik eine noch nicht erlebte gesellschaftliche Freiheit und Beachtung erhielt. Neue Lehrer standen für eine individuelle Begabtenförderung und verwendeten sich dafür.

Dass Max Schanz durch die Kriegsunterbrechung und schwerste Verwundung seine Abschlussprüfung zum Zeichenlehramt erst 1919 ablegen konnte, war gewissermaßen auch eine glückliche Fügung. So erlebte er den Beginn einer völlig neuen Ausrichtung der Fachklassen und Lehrpädagogik unmittelbar mit.

Die Unterrichtsschwerpunkte von Max Schanz in Seiffen waren Sachzeichnen, die Entwicklung werk- und materialgerechter Lösungen und eine *„Schule des Sehens"*. Sein Credo war, vorschulisch zu prägen durch *„tun und machen lassen"*. Der Unterricht war ganzheitlich und umfasste zahlreiche Metiers rund um den Beruf der Spielzeugmacher. Schnell hatte er sein Ziel in den Mittelpunkt gerückt, durch die Qualifizierung der Schüler die offizielle staatliche Anerkennung des Berufsbildes erstmals zu erreichen. Der Wert der Ästhetik und des guten Geschmacks standen für ihn stets an oberster Stelle seiner Bewertungsskala.

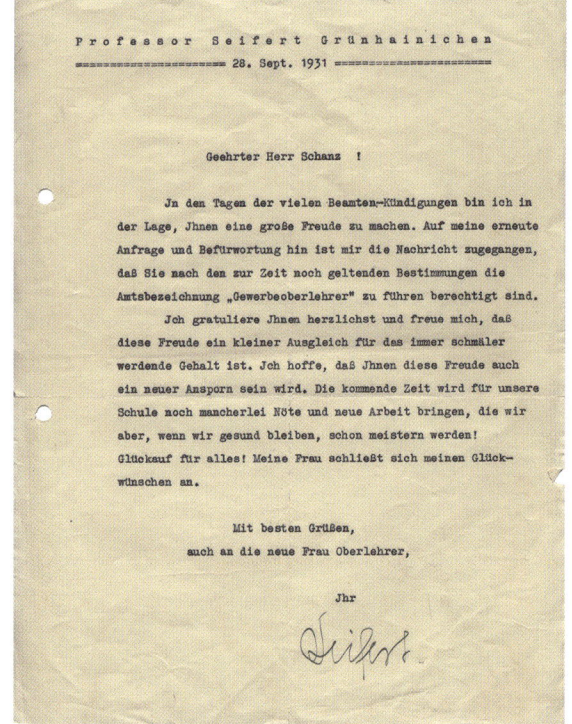

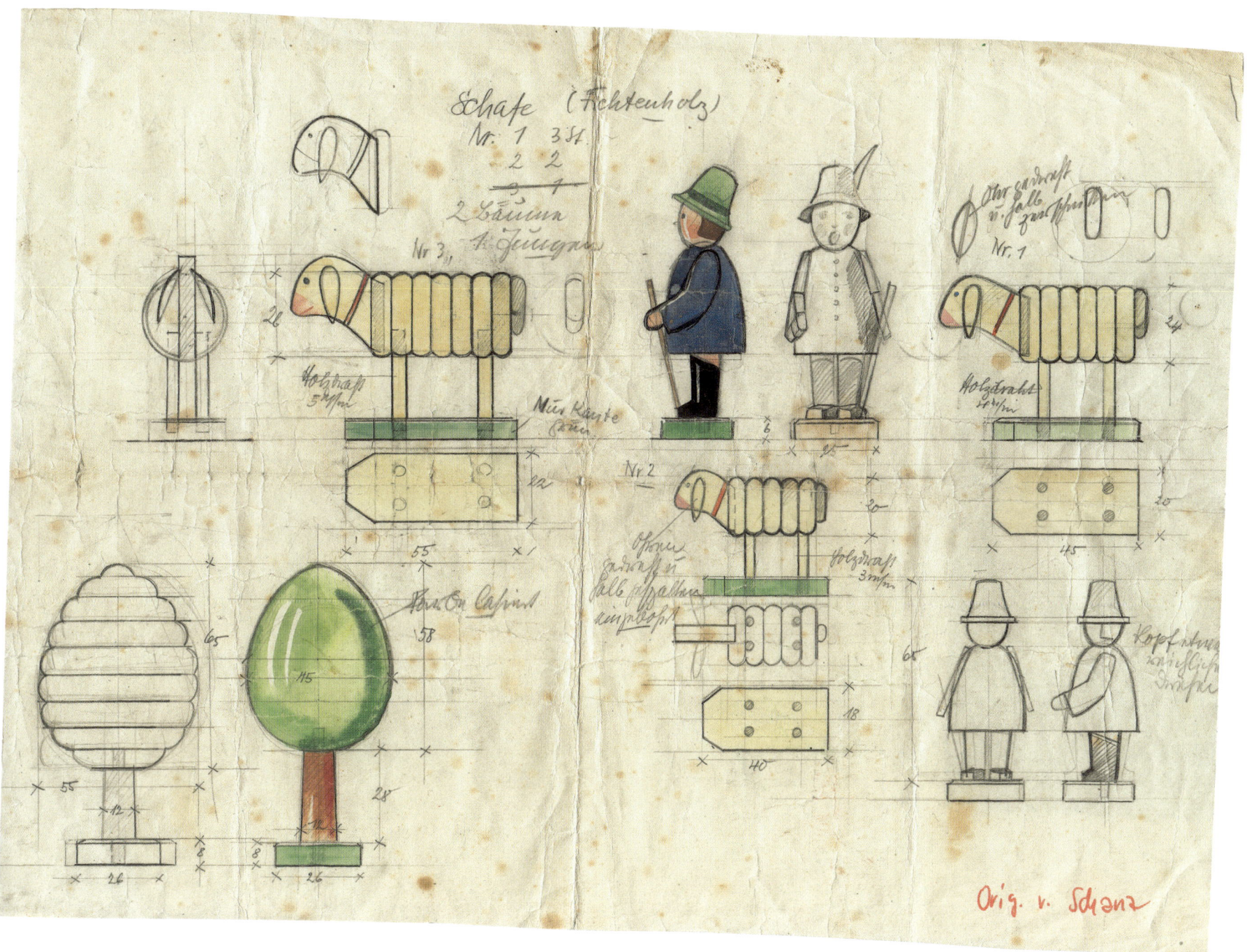

1

2

3

4

Ein Thema zieht sich durch seine gesamten zeichnerischen Arbeiten – die Studien an Tieren. Von der kleinen Maus bis zu Elefantengruppen, Dutzende von Vögeln auf einem Zeichnungsbogen dicht an dicht nebeneinander gestellt, Pferde und Wildtiere in ihren kaum zu erfassenden Bewegungen eingefangen. Max Schanz war als Tierzeichner exzellent. Es steckte unübersehbar eine große Freude an der Unbefangenheit der Tiere dahinter.

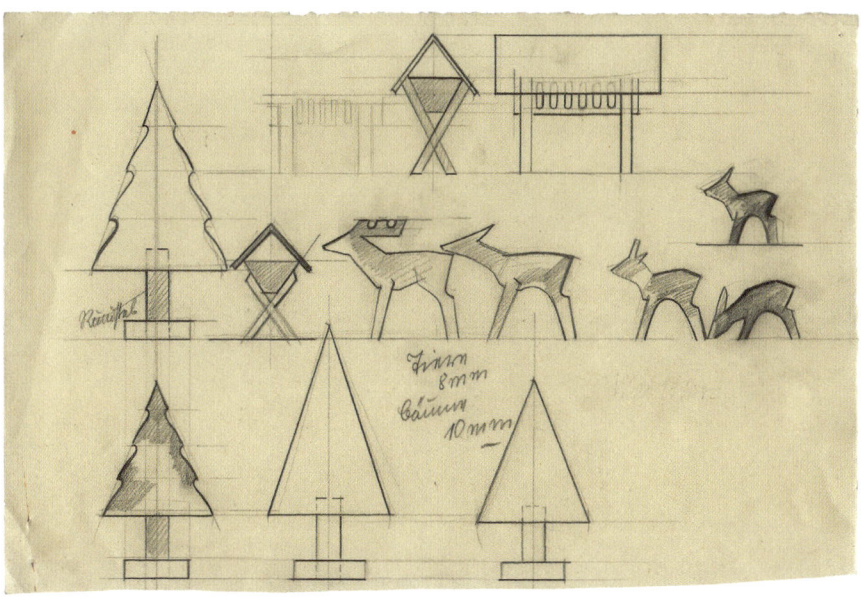

5

1 Rübezahl, unübersehbar im Seiffener Museum. Der Herr der Berge – zwiespältiger Berggeist aus dem Riesengebirge – erfuhr schon viele, sich widersprechende Darstellungen. Bei Schanz ist er mächtig und gemütvoll zugleich, erinnert an den Moosmann aus dem Vogtland.

2 3 Die Engelwerkstatt war eine der szenischen Darstellungen und Attraktionen der Seiffener Weihnachtsausstellungen ab 1930.

Von Engeln, Zwergen und Riesen

4

5

6

4 5 6
Die Figuren der Zwergenwerkstatt sind gedrechselt ohne Beschnitzung, mit ledernen Hutkrempen und Schürzen ausgestattet, fein lasierend bemalt. Die warmen Naturholztöne vermitteln uns den Eindruck des Unterirdischen. Ein Ruprecht führt wohlwollend dreinblickend die Aufsicht. Komplett erhalten und aufgebaut im Seiffener Spielzeugmuseum. Entwurf und Ausführung Fachschule für Ausstellungen 1930.

Zu den ungewöhnlichen und seltenen Arbeiten zählen Hampelmänner und Puppenköpfe. Durch den Sächsischen Heimatschutz bestand ein gute Beziehung zu Oswald Hempel, *dem Heimatschutzkasper.* Kasperlefiguren waren in der Familie Schanz selbstverständlich zu Haus. Die hier gezeigten Figuren stammen vermutlich aus der Schule Grünhainichen.

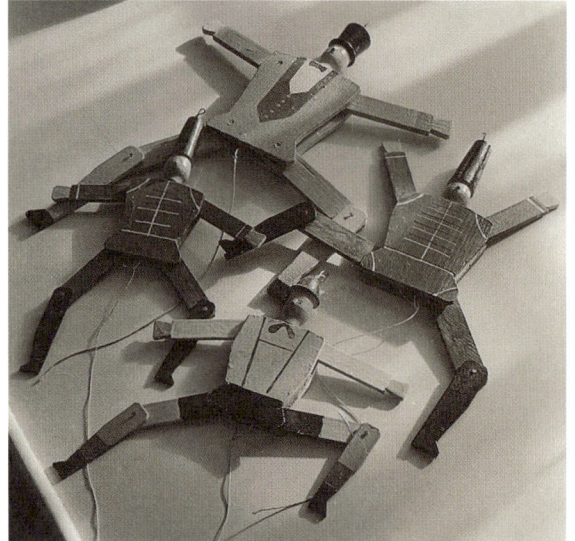

1 Karikierende Puppenfiguren im Stil des Expressionismus. Entwurf Alwin Seifert.

2 Hampelmänner im Bauhausstil, Datierung unbekannt, vermutlich 20er Jahre, Werkstatt Ender Grünhainichen. Entwürfe Alwin Seifert und Max Schanz.

Kasperle ist auch noch da

1 2

Die Reise nach Afrika.
Seine Tochter Ursel schwärmte als Teenager von einer Reise nach Afrika. Zum Anlass ihrer Konfirmation entwarf Max Schanz Tischaufsteller, die Szenen aus ihrem Leben mit dieser Geschichte mischte. Die Herstellung erfolgte 1940 vermutlich in der Fachschule Seiffen.

4 5

Klapperpuppe zur Geburt seiner ersten Enkelin Sabine. Der dicke Bauch als Rassel in der Art Seiffener Docken hohlgedreht. Nach Originalzeichnung gefertigt 1995. Replikat

Familiengeschichten

Seiffener Spielwaren zu besonderen Anlässen zu verschenken war naheliegend und wurde häufig prakiziert. So kamen auch viele seiner Aquarelle in die umliegenden Haushalte, zogen mit den Besitzern nach Dresden, Berlin und in die ganze Welt. Einige besondere Spielzeuge wurden nur für den jeweiligen Anlass und für eine bestimmte Person entworfen.

5

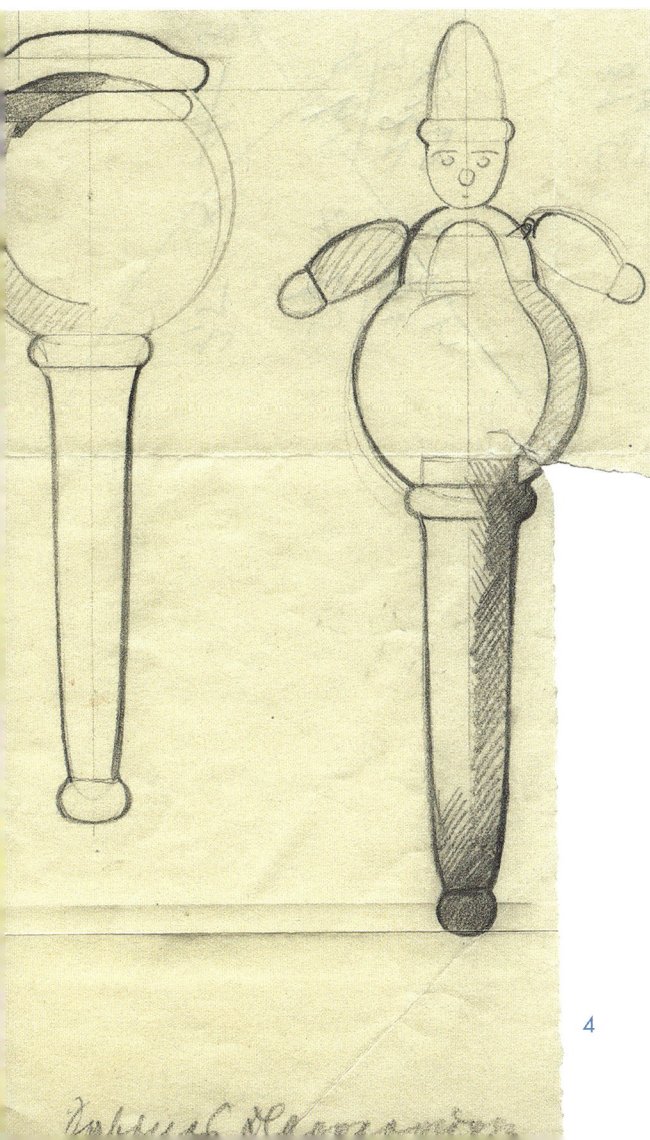

4

1

2

Festliche Dekorationen

1 Früher Entwurf eines Tischleuchters um 1925/30

2 Tischleuchter mit vier stolzen Hirschen für seinen Sohn Gottfried

3 4 5
Vogelbaum,
Frühlingshafte Tischdekoration für Ausstellungen

Wettstreit der Regionen
Mathias Zahn, Sabine Rommel

Max Schanz kam aus der Großstadt und blieb im Dorf Seiffen. Sein gesamtes Arbeits- und Kreativleben lang war er ausschließlich auf diesen kleinen Ort, seine außergewöhnlichen Menschen und die faszinierenden volkskünstlerischen Erzeugnissen konzentriert. Er unterschied klar zwischen Volkskunst und akademisch-ästhetischer Ausbildung eines Gestalters. Beides mit gleichermaßen großer Wertschätzung. Er nutzte seine Beziehungen zu Menschen und Einrichtungen in der Landeshauptstadt. Freundlichen Einladungen wurde Folge geleistet, Freundschaften wurden gepflegt, der *Sächsische Heimatverein* war einer der wichtigsten institutionellen Anker in seinem Leben. Davon zeugen – ganz privat – das Gästebuch der Familie und seine Briefwechsel.

In seinen Arbeiten und Aufsätzen kann man lesen, wie bewusst es ihm war, die gesamte Region mit ihrer Vielfalt an Menschen und Möglichkeiten für eine gemeinsame Richtung zu begeistern, moderne Rahmenbedingungen für den Erfindungsreichtum zu schaffen und die notwendige Marktpräsenz herzustellen. Seine Ausbildungen und Erfahrungen aus der Großstadt Dresden waren ebenso prägend, wie seine Kontakte zum Heimatverein und seinem Mentor Prof. Oskar Seyffert hilfreich. 1935 unternahm er eine Studienreise nach Sonneberg und verglich in einer Bewertung die beiden Standorte. „Selbstverständlich" sah er Seiffen eindeutig im Vorteil für die zukünftigen Produktionen. Es begann, auch gegenüber Grünhainichen, zunehmend ein Konkurrenzstreben um Aufträge, Förderungen und die besten Voraussetzungen.

Das Erzgebirge wurde in den 20er Jahren beliebtes Ausflugs-, Wander- und Ferienziel der Dresdner, Chemnitzer und Leipziger Stadtbürger. Dazu bildete die traumhafte Winterlandschaft eine wunderbare Ergänzung. Ein perfektes Zusammenspiel: Die malerische Weihnachtskulisse mit den verwurzelten Traditionen in dieser Bergbaulandschaft, mit dem Ort Seiffen und seiner markanten achteckigen Bergkirche als Zentrum.

Nun galt es, diese Idee nach Dresden, Nürnberg und in die Welt hinauszutragen. Mittelpunkt waren das Handwerk, die Schule und natürlich das Spielzeug. Dafür wurden Verpackungen entworfen, Spanschachteln und Anstecker. Die bekannten Striezelmarktkinder waren ein Dresdner Motiv, möglicherweise kam der Anstoß für das Figurenpaar von der dortigen Tourismusbranche. Die Verbindung von Landschaft und Spielzeug fand sich auf Plakaten, Broschüren und in Zeitschriftenartikeln wieder. Vieles davon wurde von Max Schanz angeregt, oft selbst gestaltet. Der *Springende Hirsch vor der Tanne* wurde das Seiffener Symbol bis in die heutige Zeit.

Seiffen veranstaltete 1936 eine große Spielzeug-Werbeschau und viele kleine Wanderausstellungen zur Weihnachtszeit im erzgebirgischen Raum. Das *Lebendige Spielzeug* wurde zum Leben erweckt. Kinder liefen auf Umzügen und Festen als Engel, Bergmann, Nußknacker und Räuchermann mit. Dazu große Festwagen mit Seiffener Motiven.

Man inszenierte Theateraufführungen und die Seiffener Freilichtbühne in der Binge erfreute im Sommer viele Gäste. So wurde das Interesse am Holzspielzeug immer wieder geweckt und der Name Seiffen war in aller Munde.

Die Melange aus Holzgerüchen, Farbe und Leim konnten die Leute nur begreifen, wenn sie diese direkt erlebten. Auch der Zauber der vielen farbigen Lichter war nur durch eigenes Sehen unmittelbar erfahrbar. Die Menschen sollten alles vor Ort spüren, Seiffen musste mit seinen Möglichkeiten nach außen treten. Das Spielzeug und der Ort verbanden sich zu einem einzigartigen Gesamtbildnis. Der Begriff vom *Spielzeugland* rund um den Schwartenberg war geboren.

Die akademischen Lehrausbildungen in der ersten Hälfte von 1900 waren durch fächerübergreifende Gestaltungsdisziplinen geprägt. Max Schanz entwickelte eine besondere Art, Zeichnung, Illustration und Abstraktion miteinander zu verbinden.

Seine Entwürfe wurden in der DDR-Zeit vielfach hergestellt. Bis über das Jahr 2020 hinaus werden einzelne Produkte in Seiffen noch produziert, bilden teilweise immer noch die anerkannte Grundlage für die stetig stattfindenden Weiterentwicklungen.

2

3

4

1 Spielzeug-Werbeschau Seiffen 1936, zentraler Innenraum mit dem Deckendurchbruch für die über 6 m hohe Pyramide. Vgl. S. 172 „Die Seiffener Museumspyramide in München als Modell".

2 3
Touristische Werbebroschüren um 1920/25

4 Wagen zum Faschingsumzug um 1938

5 6 7
Wegweiser im Ort Seiffen, Entwürfe 1930er Jahre. Der Bergmann symbolisiert den Übergang vom Bergbau zur Spielzeugherstellung.

5 6

7

Mit dem Bleistift denken
Mathias Zahn, Sabine Rommel

Das zeichnerische Erbe unseres Großvaters lagerte über Jahrzehnte in fünf großen braunen Künstlermappen, verschnürt und mit gewissen Geheimnissen belegt. Die Mappen hatten ein Dutzend oder mehr Umzüge zwischen Dresden und Seiffen, DDR und BRD, von Stuttgart nach Ulm und dort durch verschiedene Wohnungen und Häuser hinter sich. Jede hatte ihr Thema. Dicht gezeichnete Blätter voller Tier- und Pflanzenskizzen, große Bewegungsstudien eines Pferdes oder Wildtieres. Dazwischen Aquarelle von Seiffen, der Bergkirche, den umliegenden Gehöften, Blicke auf die Felder und Hänge der beiden Hausberge Ahorn- und Schwartenberg. Nicht alle Arbeiten wurden beendet. Unser Großvater hatte im 1. Weltkrieg ein Bein verloren. Wenn die Zeit zu schnell verging oder das tückische Gebirgswetter unvermittelt umschlug, musste er das Malen abbrechen. Manches blieb daher in der Vorzeichnung oder mit dem ersten Farbauftrag unvollständig.

Alles überragend für uns waren und sind die Vielzahl wunderbarer Zeichnungen. Gerissene Blätter, aus Skizzenblöcken, auf Transparentpapieren, manche vorder- und rückseitig genutzt. Ab und an wurden die Mappen geöffnet und durchgeblättert. Nur wenige seiner Aquarelle schmückten die elterlichen und großelterlichen Wohnungen, wenngleich an besonderen Plätzen. Nach 1990 entdeckten wir über die Jahre, wie viele weitere Bilder von unserem Großvater in Seiffener und Dresdner Häusern hingen. Diese Aquarelle, namentlich signiert, waren über viele Jahre seine Freizeitbeschäftigung außerhalb der Schule. Nach 1945 wurden sie Tauschware und Zuverdienst für ihn als freien Künstler in der DDR. Viele Bilder waren Geschenke zu Konfirmationen und Hochzeiten sowie Erinnerungen für die Menschen, die ihm persönlich halfen oder ihn beruflich schätzten. Zu einigen Bildern gibt es besondere Geschichten.

Die stärkste Beziehung hatten wir Enkel zu seinen Spielzeugentwürfen. Es waren diese Zeichnungen, die in ihrer Art eine besondere Faszination auf uns ausübten. Ein kompletter Figurenentwurf auf nur einem Blatt in verschiedenen Ansichten, durch wichtige Details ergänzt, oder Schicht um Schicht auf Transparentpapieren übereinander gelegt. Am Rand kurze Erklärungen in seiner typischen Sütterlinschrift. Dazu die Erläuterungen unserer Mutter, die die Zusammenhänge der einzelnen Entwurfsgedanken wunderbar zu schildern wusste.

Kaum eines der Blätter ist signiert oder datiert. Schulbetrieb war staatlich und damit Allgemeingut. Klare Linienführungen, mit der Hand gezogene Bögen über- und nebeneinander aus einem durchlaufenden Strich, dann zarter oder kräftiger darüber gelegt Korrekturen, Anschnitte und skizzierte Maß- und Farbangaben. Vor allem seine Begabung, mit zwei Ansichten und wenigen Details eine komplette Figur oder komplexes Gerät wie eine Leuchterspinne, eine große Krippe oder eine mehrstöckige Pyramide musterbaugerecht auf ein Blatt zu bringen, bewunderten wir. Für Ausstellungen skizzierte und inszenierte er umfangreiche Raumszenografien auf diese Art.

Die Anmutung dieser Figurenentwürfe war für uns immer etwas Besonderes. Aus unserer eigenen Gestaltungswelt heraus assoziierten wir die Disziplin und geometrische Reduktion des Bauhausstils und von Schlemmerfiguren.

Später verfolgten wir Wege zurück, die seine Entwicklung dahingehend erklären könnte. Wir zogen zunehmend Vergleiche. Es zeigten sich überraschende Parallelen zu dem piktogrammatischen Zeichenrepertoire der „Wiener Methode der Bildstatistik" – eine reformpädagogische Unterrichtsmethode zur Volksbildung des Wiener Pädagogen Otto Neurath. Typisierte Figuren und Objekte, die bei Max Schanz „bewegt wurden" und damit eine Übertragung ins Spielerische bekamen.

Im gesamten Entwurfsprozess arbeitete Max Schanz nicht illustrativ. Keine Perspektiven, keine Trennung in Licht- und Schattenflächen, präzise formulierte Linearzeichnungen, sparsam dekoriert. Die Darstellungen dienten nicht einer Animation oder Anmutung, sie waren in erster Linie Anleitung und Anregung für die Herstellung unter Beachtung des Materials und der Herstellungsbedingungen. Feine, das Holz unterstützende Farben und Dekore wurden ebenso vorgeschlagen wie abgestimmte Fertigungsschritte. Dazu attraktive Verpackungen und mögliche Verkaufspräsentationen. Ein Entwurf, ein Blatt – mehr Platz war nicht in den nach wie vor kleinen Drechsel- und Malwerkstätten der erzgebirgischen Spielwarenhersteller. In den Zeichnungen vieler seiner Schüler findet sich dieses konstruktive Skizzieren in interessanten Fortführungen wieder. Auch bei den perspektivischen Figurendarstellungen – dekorative Bilder für Ausstellungen oder Titelblätter der touristischen Werbungen – sind flächige Umsetzungen seine Stilmittel. Anders als sein Kollege Alwin Seifert, Illustratoren wie Walter Trier oder der Grafiker Alfred Mahlau, arbeitete er nicht zeichnerisch oder im Malerischen. Dadurch vermitteln sich diese Grafiken plakativ und stellen sich oft wie hinterleuchtete Fensterbilder dar, erinnern in ihrer Anmutung an Laternen und Schwibbögen.

Es ist überraschend, wie vielfältig und umfassend unser Großvater erzgebirgische Spielzeuge gestaltete, selbst für uns, die wir den Nachlass weitgehend kannten. Häufig ging es darum, alte Motive zeitaktuell zu erneuern. Kaum ein Thema oder eine figurative Entwicklung, die er nicht als Lehrer und Gestalter skizzierte, entwickelte oder neu interpretierte. Er hatte „das grafische Auge", Figuren und dekorative Elemente zu kompakt strukturierten Bildkompositionen zu fügen. Diese flächigen Figurenornamente, oft netzartig miteinander verbunden, zeigt er in seinen Entwürfen für Schwibbögen, Spielbaukästen, Plakaten und bemalten Möbeln. Besonders schön ist das bekannte Beispiel des Plakates für die Spielzeug-Werbeschau 1936 (S.65). Das Emblem des springenden Hirsches zentral und groß im Mittelpunkt, nach außen diagonal gegenüber gestellt die vier klassischen Erzgebirgsfiguren – Engel und Bergmann, Räuchermann und Nussknacker. Die Zwischenflächen verbinden Reiterlein, Anhänger und am unteren Rand eine kleine Dorfszene mit Eisenbahn. Alles ausgewogen zueinander arrangiert. Das hierfür sanierte und neu eingerichtete Gebäude wurde mit zahlreichen ikonographischen Motiven dekoriert, proportioniert in die Fassade eingearbeitet. Auch innen wurde die Ausgestaltung in derselben Qualität fortgesetzt. Von der Gestaltung des Eingangsbereichs über die Dekoration der Säulen mit lichtertragenden Engeln und Bergleuten, von den Vitrinen bis zu den bildhaften Füllungen der Balustraden, die den springenden Hirsch im Wechsel mit der Tanne zeigen. Zentral in der Mitte die über sechs Meter hohe Pyramide, auf der neben klassischen erzgebirgischen Figuren auch außergewöhnliche Bestückungen sind – wie ein Motorradfahrer, der seine Runden dreht [S. 172-173].

Max Schanz aquarellierte mit einer feinen, lasierenden Pinseltechnik, in der die Motive in transparenten, farbigen Flächen übereinander gelegt entstehen. Eine Malart, die trotz ihrer Sachlichkeit an das Leichte der Impressionisten erinnert. Dabei hatte er eine außergewöhnliche Gabe, die besonderen Stimmungen von Tages- und Jahreszeiten, von Wetter und Licht spürbar zu machen – seine Landschaft „in den Farben des Gebirges" zu zeigen. Figuren und Tiere aus der Spielzeugwelt fehlen in diesen Bildern. Die einzigen uns bekannten Ölbilder sind zwei sehr ähnliche Motive des Mettenganges zur Seiffener Bergkirche. Eine Schar zwergenhafter Kinder, eine Lichtwolke beleuchteter Laternen tragend.

Max Schanz war ein Entwerfer und kunsthandwerklicher Gestalter. Ein Designer im heutigen Sinn. Ein ehemaliger Schüler prägte den Satz: *„Max Schanz konnte mit dem Bleistift denken."*

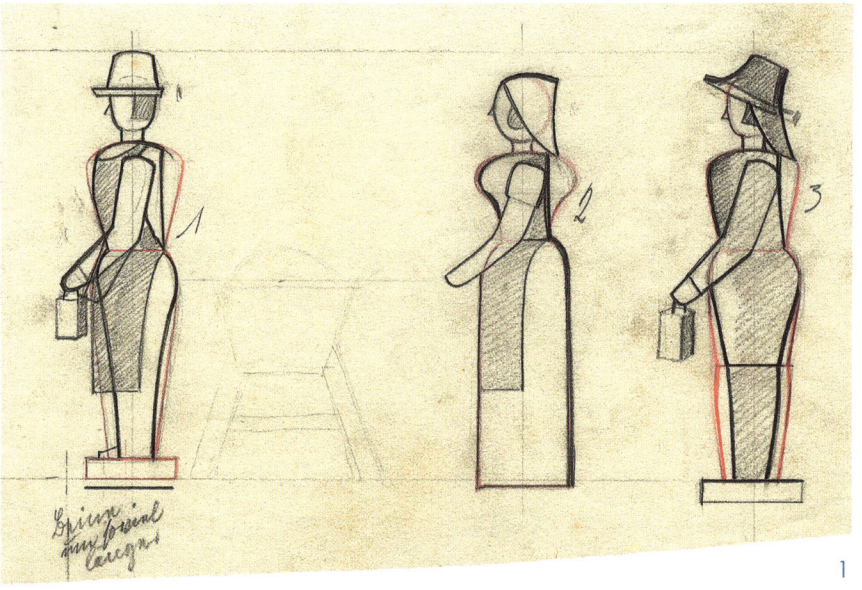

Figuren für eine Christmette. Sie sind wiederum in ihren charakteristischen Abstraktionen gezeichnet. Ein Detailblatt gibt Vorgaben zu Proportionen und Verfeinerung der Silhouetten durch senkrechte Fasenschnitte. Durch die schrägen Schnitte erhalten sie ihre schanztypischen Haltungen und Bewegungen.

Schnitzen, Drechseln, Reifendrehen

Schnitzen und Drechseln ist auf der ganzen Welt zum Herstellen unterschiedlichster Dinge verbreitet. Im Erzgebirge lebte und lebt eine gesamte Region vorwiegend in heimindustriellen Fertigungen davon. Das Spielzeug wird von Hand aus Holz geschnitzt, seriell mit Hilfe der Drehbank gedrechselt und gedreht. Oft werden die Begriffe schnitzen und drechseln verwechselt oder falsch eingesetzt. Beim Schnitzen entsteht eine individuelle Figur oder Objekt. Schnellere Ergebnisse erzielt man beim Drechseln. Beide Techniken ermöglichen die unterschiedlichsten Gestaltungsergebnisse.

Schnitzen

Geschnitzte Figuren und Tiere werden zuerst grob ausgesägt oder gefräst, die Rohlinge dann mit der Hand beschnitzt, bei größeren Figuren wird der Rohling dazu eingespannt. Hierbei werden kurzfaserige Hölzer z. B. Linde benützt, um einen glatten Schnitt zu bekommen. Gearbeitet wird mit dem Schnitzmesser. Es entsteht ein Einzelstück.

Drechseln, Einzelobjekte drehen

Beim Drechseln oder Drehen entsteht die Figur an einer Drehbank, manuell oder auf einem Drehautomaten. Ein gut getrocknetes, in der Längsfaserrichtung geschnittenes Holzstück wird am Spindelstock befestigt, dreht sich dann zentrisch um die Mittelachse. Die sogenannte Docke entsteht durch Abspanen des Holzes mit dem Drehstahl. Der Oberkörper der Figur wird oft beschnitzt, die Beine ausgeschnitzt. Zusätzlich können weitere Drehteile wie Arme, Sockel, Lichtertüllen angebracht werden. In dieser Technik entstehen Einzelteile für Leuchterspinnen, Pyramiden, Puppengeschirr usw. Besonders beeindruckend und schön sind die kleinen Spanblumen und Spanbäume. Aber auch zahlreiche Hausgeräte, Tischbeine usw.

Anfang des 19. Jahrhunderts entstand in der Gegend von Seiffen das Reifendrehen. Aus einem einfachen Grund – hierbei kann schneller eine viel größere Anzahl gleicher Tiere, Figuren und Kleinteile zum Beispiel Arme, Beine, Schwänze entstehen, die anschließend dann beschnitzt und zusammengefügt werden. Sogar ganze Städtchen mit Häusern, Türmen und Mauern werden so gefertigt.

1

2

3

4

Reifendrehen

Noch mehr als beim Schnitzen und Drechseln ist das Reifendrehen eine Kunst, die sehr viel Geschicklichkeit und Gefühl für Proportionen erfordert. Die Drehbänke dazu sind besonders schwer. Meist wird für das Reifendrehen die einheimische Fichte verwendet. Hierbei wird „grünes", das heißt noch nasses Holz verwendet. In Fischteichen oder eigens angelegten Weihern werden Stammabschnitte über Monate feucht gehalten, indem sie immer wieder gedreht werden. Eine runde, entrindete Baumscheibe, bis zu 50 cm Durchmesser, wird davon mit der Kettensäge abgetrennt und auf der Drechselbank mittig am Spindelstock befestigt. Das Werkstück dreht sich quer zur Faserrichtung. Ein großer Ring wird gedreht mit Rillen und Kerbungen, dabei wird in der Regel erst die Unterseite des Tieres ausgeformt, anschließend nach dem Wenden der Rücken. Der fertige Ring wird aufgespalten, jetzt ist am Querschnitt die Figur zu erkennen. Beim Drechseln des Rings ist das Tier also noch nicht sichtbar, nur große Erfahrung, das Gefühl für die Form, und ein paar selbstgeschnittene Schablonen helfen dabei. Jetzt werden die Rohlinge scheibchenweise abgespalten und zumeist beschnitzt. Je nach Ringdurchmesser und Querschnittsgröße entstehen große oder kleine Tiere.

5

6

7

„ ... Alles war damals ruhiger, die Fachschule kam in der Besinnlichkeit gleich nach der Kirche, allein schon durch die Verbindung mit der Herstellung der Weihnachtslaternen und im dunklen Flur mit den erleuchteten Vitrinen und den bunten Figuren. Es war ein kleines Leben mit vielen guten Vorbildern."

Hans Reichelt an Ursula Zahn, 1994

Erzgebirgische Weihnacht

Erzgebirgische Weihnacht in Schwaben
Mathias Zahn

In Süddeutschland und städtisch aufgewachsen, erlebten wir von klein auf das Erzgebirge durch Erzählungen der Mutter. Es waren Bilder aus der Zeit vor unserer Geburt. Gelebt wurde mit der weihnachtlichen Besonderheit ganz selbstverständlich in unserem Elternhaus. Die Freunde und Bekannten unserer Eltern staunten alle über diese „exotische Tradition im Hause Zahn" und waren in der Regel davon begeistert und ergriffen. Advent, die Vorfreude! Wir Kinder begannen bereits hundert Tage davor rückwärts zu zählen.

Bis Totensonntag waren Advents- und Weihnachtsaktivitäten tabu. Auch Plätzchen wurden erst am Montag danach gebacken. Dann allerdings ohne Unterlass. Unglaublich, dieser Duft im Haus. Wir waren keine besonders braven Kinder, aber diese „Heiligkeiten" machten wir mit großem Enthusiasmus mit.

Religiöse Gründe wurden dafür nur am Rande bemüht, es ging im Wesentlichen um die jährlich wiederkehrende Stimmung. Die eigentliche Weihnachtsvorbereitung begann in der Woche vor dem 1. Advent. Tagelang stand das Haus buchstäblich Kopf. Das aufgestellte Spielzeug wurde gegen die weihnachtlichen Figuren getauscht. Dutzende von Kartons trugen wir aus dem Keller hoch, Seidenpapiere lagen wie Wellen überall in den Räumen herum. Ein kleiner Dackelhund lag auch noch irgendwo dazwischen. Pyramiden, Engel, Bergleute, Räuchermänner und hunderte Miniaturen wurden ergänzt oder ausgetauscht. Es war ein richtiges Tohuwabohu. Die meisten Pyramiden mussten erst „zum Laufen gebracht" werden. Viele Teile waren gebrochen oder fehlten, die alten Kerzenreste mussten sorgfältig aus den Tüllen gekratzt werden. Alle Figuren, Schwibbögen, Laternen wurden mit Kerzen bestückt. Dabei wurde streng darauf geachtet: Der Gabenengel, die große Bergmannpyramide und die Hirtenkrippe, mit den vom Opa geschnitzten Figuren, blieben bis zum Heiligen Abend noch unter Verschluss.

„So war'n Weihnacht", wie es in einem alten Gedicht heißt – heute so fast nicht mehr vorstellbar. Mit diesem Buch möchten wir davon etwas zurückholen. Nicht nur für uns, wünschen wir.

„Der Beginn aller guten und richtigen Spielwarenarbeit liegt auch heute noch in der Anfertigung der Muster. Auch bei umfangreichster Fabrikation kommt es in erster Linie darauf an, daß gute Muster vorhanden sind. Sie zu schaffen, muß der Spielzeugmacher oder Fabrikant nach einer guten Idee, die gegeben oder gefunden sein muß und einer vielleicht flüchtigen Skizze in der Werkstatt aus der mehr oder weniger klaren Vorstellung heraus basteln, sägen, schnitzen und malen, bis das Muster – oft erst nach mehrmaligem ändern – befriedigend erstellt ist. Wir haben also noch das gleiche volkskünstlerische Gestalten im Material, wie es unsere Alten pflegten, selbst wenn dabei bewußt oder unbewußt die spätere Hilfe der Maschine bedacht wird." [1]

Textquelle:
1 Max Schanz 1941

1 Großes Krippenhaus mit Figuren. Die Krippe wurde für die Krippenschau 1934 in Aue an der Seiffener Spielwarenfachschule als Schaustück gebaut. Nur das Haus ist original erhalten. Entwurf Max Schanz 1934

Eine Reise zum Spielzeug
Mathias Zahn

Die Reise in die alte Montanlandschaft an der tschechisch-böhmischen Grenze ist auch heute noch eine besondere. Zumindest eine Stunde durchfährt man Tal um Tal, weite kurvenreiche Höhen, kleine alleebestandene Straßen und Dörfer, die oft länger scheinen als ihre Entfernungen dazwischen. Nahezu endlos und man fragt sich, was steht hier am Ziel, was war die Mühe wert?

Von welcher Richtung man auch Seiffen anfährt – von der Flöha hoch durch das schmale Seitental des Seiffener Bachs, von Neuhausen über den landschaftsprägenden Schwartenberg oder von der tschechischen Seite mit ihren faszinierenden alten Buchenwäldern – der Blick auf das Dorf Seiffen nimmt die Reisenden immer noch unvergleichlich in Empfang. Es ist zum einen das besondere Licht an dieser oft extremen Wetterscheide, es sind die Punktereihen der Häuschen entlang der Hangstraßen und die von allen Perspektiven zentral im Blickfeld stehende Bergkirche, diesem schlichten, klassisch proportionierten achteckigen Zentralbau. Seiffen von seinen Höhen aus zu entdecken ist immer noch ein außergewöhnliches Erlebnis. Ein Lichtermeer zur Advents- und Weihnachtszeit. Am Rande der Republik gelegen und dennoch alles andere als abgelegen.

„Heute haben wir den Entschluss gefasst, am Heiligen Abend ins Spielzeugstädtchen Seiffen zu fahren, wo all die hölzernen Herrlichkeiten hergestellt werden. Das wird aber mal richtige Weihnacht sein! Die Bahn schnauft schwer durch den dicken Schnee, und unsere Haltestelle liegt mitten im Wald, denn eine eigene Station hat Seiffen nicht. Huii! Pfeift der Wind! Wir haben eine Stunde Fußmarsch vor uns und stapfen den Berg hinauf zwischen hohen Tannen. Ob wir richtig laufen? Silbergrau liegt der Nebel über der Landschaft, nur ein paar ganz leuchtende Sterne blitzen; auf den hellsten gehen wir zu, der tief unten im Dunst liegt. Freundlich blinkt der Stern; in dieser Richtung muss Seiffen liegen. Aber plötzlich stehen wir vor einem Haus. Bums, ist das Haus auf einmal da – und der Stern von Bethlehem erweist sich als das Kerzenlicht von Engel und Bergmann, die hier im Fenster stehen. Der Weg hat uns hoch geführt, und unter uns liegt nun wie ein großer Lichterbaum das weihnachtliche Städtchen …" [1]

Zwei Regionen in Mitteldeutschland gründeten im 17. und 18. Jahrhundert ihre Holzwarenindustrie in zumeist familiärer Heimarbeit und waren nach 1850 hierin die bedeutensten Produktionsgebiete. Sonneberg im südlichen Thüringen und der Raum Grünhainichen / Seiffen im mittleren Erzgebirge. Das Erzgebirge im Übergang zum 20. Jahrhundert war karg und bettelarm. Es waren nicht nur die landschaftlichen und klimatischen Prägungen sowie die längst unproduktiv gewordene Montanindustrie, es war auch die ungemein schwierige infrastrukturelle Erschließung, die diese Landschaft an der Grenze zu Böhmen über Jahrhunderte in einer Randstellung beließ. Nach dem Bau der Flöhatalbahn nach Marienberg 1875 mit einer Nebenstrecke nach Olbernhau, erfolgte erst zwanzig Jahre später die Fortführung nach Neuhausen / Erzgebirge – noch vier Kilometer unterhalb von Seiffen gelegen.

Demgegenüber lag die Stadt Sonneberg im doppelten Wortsinn schon lange auf der Sonnenseite der Entwicklung. Seit dem Mittelalter an der Geleitstraße Nürnberg-Leipzig gelegen – die Eröffnung der Bahnstrecke nach Coburg erfolgte bereits 1858 – zeugen große Handels- und Geschäftshäuser von der frühen Bedeutung als Wirtschaftsstandort. Bereits um 1700 bestand in Sonneberg eine bedeutende industrielle Spielzeugproduktion. „Nürnberger Tand", bedarfsgerechte Spielzeuge und Dekorationen aus einfachen Materialien, wurden überwiegend im Sonneberger Raum hergestellt. 1873 gründete man dort die erste Industrieschule für Spielwarenproduktion, 1901 eröffnete das Spielzeugmuseum. Während Sonneberg bereits seit Jahrzehnten in alle Welt erfolgreich exportierte, blieb das abgeschiedene Gebiet um den Schwartenberg mit seiner Vielzahl besonderer Volkskünstler lange unentdeckt. Es waren zunächst Volkskundler und Akademiker wie Prof. Oskar Seyffert und Prof. Theodor Arthur Winde in Dresden, die diesen Schatz volkskünstlerischer Arbeiten entdeckten, wertschätzten und darauf ihre Mission zur Weiterentwicklung aufbauten.

Wer heute Seiffen besucht, kann dieser besonderen Atmosphäre von Erfindungsreichtum und Handwerkerehre immer noch nachspüren.

1

Textquelle:
1   Rotraut Hinderks-Kutscher, Kinderbuchautorin, Illustratorin, Beitrag in *„Westermanns Monatshefte"* 1934.

Winterzauber in Seiffen, Märchenbäume und Berge von Schnee. Aber das hieß auch schippen, schippen, schippen.

5

4

6

Behütet das Licht
Traditionen und Bedeutung des Lichtes und wichtigster Weihnachtgebräuche im mittleren Erzgebirge

Im Dunkeln stieg der Bergmann mit seiner Karbidlampe in den Schacht, im Dunkeln kam er wieder herauf. Die Lichter in den Fenstern der Häuser leuchteten ihm auf seinem Weg der guten Rückkehr. Das Licht war das Symbol für Leben und Überleben.

Mettengang. Eine Tradition, die von den Bergleuten herrührt. Sie gingen mit den Grubenlichtern zum Heiligabendgottesdienst und beleuchteten die Kirche damit. Anfang des 19. Jahrhunderts liefen die Kinder mit bunten Papierlaternen in die Kirche, aus denen, durch Anregung und Anleitung der Fachschule, die Holzlaternen entstanden. Noch heute ziehen die Kinder damit zur Christmette und vom Turm blasen die Posaunen die Weihnachtslieder.

Schwibbogen. Eigentlich Schwebebogen – symbolisiert das Stollenmundloch, den Einstieg zum Schacht. Zur Mettenschicht am Heilig Abend wurde an das halbkreisförmige Mundloch das Geleucht der Bergleute (Laternen) im Bogen aufgehängt. Der erste Schwibbogen aus Metall stammt aus Johanngeorgenstadt um 1740. Seit dieser Zeit beleuchten Bögen aus Holz oder Metall zur Weihnachtszeit die Fenster im Erzgebirge. Um 1930 entwickelte die Fachschule in Seiffen Schwibbögen aus Holz. Kleinere Bögen wurden teilweise mit farbigem Papier hinterlegt, am Fenster vom Tageslicht nach innen oder von einer Kerze dahinter nach außen beleuchtet.

Kurrende. Kommt von *"currere"*, die Herumziehenden und bezeichnet einen *"Laufchor"*. Anfangs waren es bedürftige evangelische Buben, die für etwas Kleingeld von Haus zu Haus zogen und Weihnachtslieder sangen – das berühmte *"Quempas singen"*. Später traten sie auch im Gottesdienst, bei Beerdigungen und Hochzeiten auf. Kurrenden gab und gibt es in ganz Deutschland. In Seiffen wurden ihnen durch die Figurengruppe von Max Schanz ein kleines Denkmal gesetzt. Heute ziehen die Sternsinger in dieser Tradition von Haus zu Haus.

Bergmann und Engel. Ende des 19. Jahrhunderts entstanden die Lichterträger im Erzgebirge, gedrechselt oder geschnitzt, zeigen sie als Paar den weltlichen und geistlichen Aspekt des Lebens. Am Anfang stellte man sie nur für die eigene Familie her. Das Mädchen bekam einen Engel, der Junge einen Bergmann geschenkt. Mit Kerzen bestückt, leuchten die Figuren aus den Fenstern in die Winternacht. Der Hauer im Stollen trug das Geleucht auf dem Kopf. Die hölzerne Abbildungen halten die Kerzen in einer oder beiden Händen, die festlichste Ausstattung ist der auf dem Kopf getragene „Lichterreif". Das Licht war die Beleuchtung bei der Arbeit unter Tage und das Sinnbild für das Leben außerhalb des Schachts. Die Engel tragen eine Krone und immer die Kleidung ihrer Zeit. Im Biedermeier mit schmaler Taille und breitem Ausschnitt, auf dem Kopf eine Krone. Später mit Haube, eher bieder gekleidet mit Schürze, wie die Mutter und Hausfrau in der damaligen Zeit. Bergmann und Engel erscheinen in ihrer Haltung wie eine Umsetzung des Kirchenliedes *„Ein feste Burg ist unser Gott"*.

Die Leuchterspinne. Dieser mehrarmiger Hängeleuchter verdankt seinen Namen den schlanken gebogenen Armen, welche die Kerzen tragen und an eine Spinne erinnern. Ähnlich dem Glaslüster und dem Metallleuchter steckten bei der gedrehten Holzspinne s-förmige Holzarme in einer Mittelspindel. Teilweise mit mehreren Ebenen übereinander, reich mit gedrechselten Schmuck und Ranken, manchmal auch mit Figuren versehen und prächtig bemalt. Am aufwendigsten waren die Hängelaufleuchter, eine Kombination von Leuchter und Pyramide. Auch hier wurde zuerst ein Prunkstück für die eigene Familie gebaut und verziert. Die Spinne war der Kronleuchter der armen Leute.

Pyramide. Vorläufer der heutigen Weihnachtspyramiden, waren Lichtergestelle mit Buchs oder Tanne und Lichtern geschmückt, oft auch mit Nüssen und Äpfeln. Die Erzgebirgler entwickelten daraus ein Drehgestell, gekrönt mit einem Flügelrad, welches durch aufsteigende Kerzenwärme angetrieben wird. Auch hier entstanden die ersten Pyramiden zum Hausgebrauch für die Familie. Auf einer oder mehreren Etagen stehen Figuren und Tiere auf Drehtellern, Szenen der Weihnachtsgeschichte, Bergwerke und Bergparaden darstellend (Göpelpyramide). Sie sind mit viel Liebe und Mühe ausgeschmückt – die Figuren, geschnitzt, gedrechselt oder aus Masse gedrückt. Das Kerzenlicht wirft die wunderschönen Schatten des drehenden Flügelrads an die Decke. Die Erzgebirgler haben immer wieder neue Formen und Formate entwickelt: Stufenpyramiden, Stabpyramiden, sowie mehrere Meter hohe Ortspyramiden, die zur Weihnachtszeit den erzgebirgischen Dorfmittelpunkt zieren.

Der Seiffener Nussknacker. Stellte meist die zeitgenössische Obrigkeit dar – König, Soldat, Gendarm. Der Spielzeugmacher ließ sie für die Familie die harten Nüsse knacken. Frühe Nussknackerformen aus dem Raum Sonneberg erinnern nicht zufällig an Karikaturen in der französischen Revolution – eine kleine Rache und Sozialkritik. Der Seiffener Knacker wirkt eher mächtig und wohlwollend.

Der Räuchermann. Hat die gemütvolle Funktion des Rauchens. Er war der Alltagsmensch und Freund. Verschiedene Dorftypen entstanden, Bergmänner und zahlreiche Berufe, vor allem der berühmte Rastelbinder (Drahtbinder). Sehr früh entstanden auch Türken und der Sultan, die damals mit dem Rauchen in Verbindung gebracht wurden. Die prunkvolle, farbenprächtige Kleidung mochte wohl die Phantasie der Spielzeugmacher angeregt haben. Der klassische Duft der Räucherkerzen war und ist auch deshalb der Weihrauch.

1

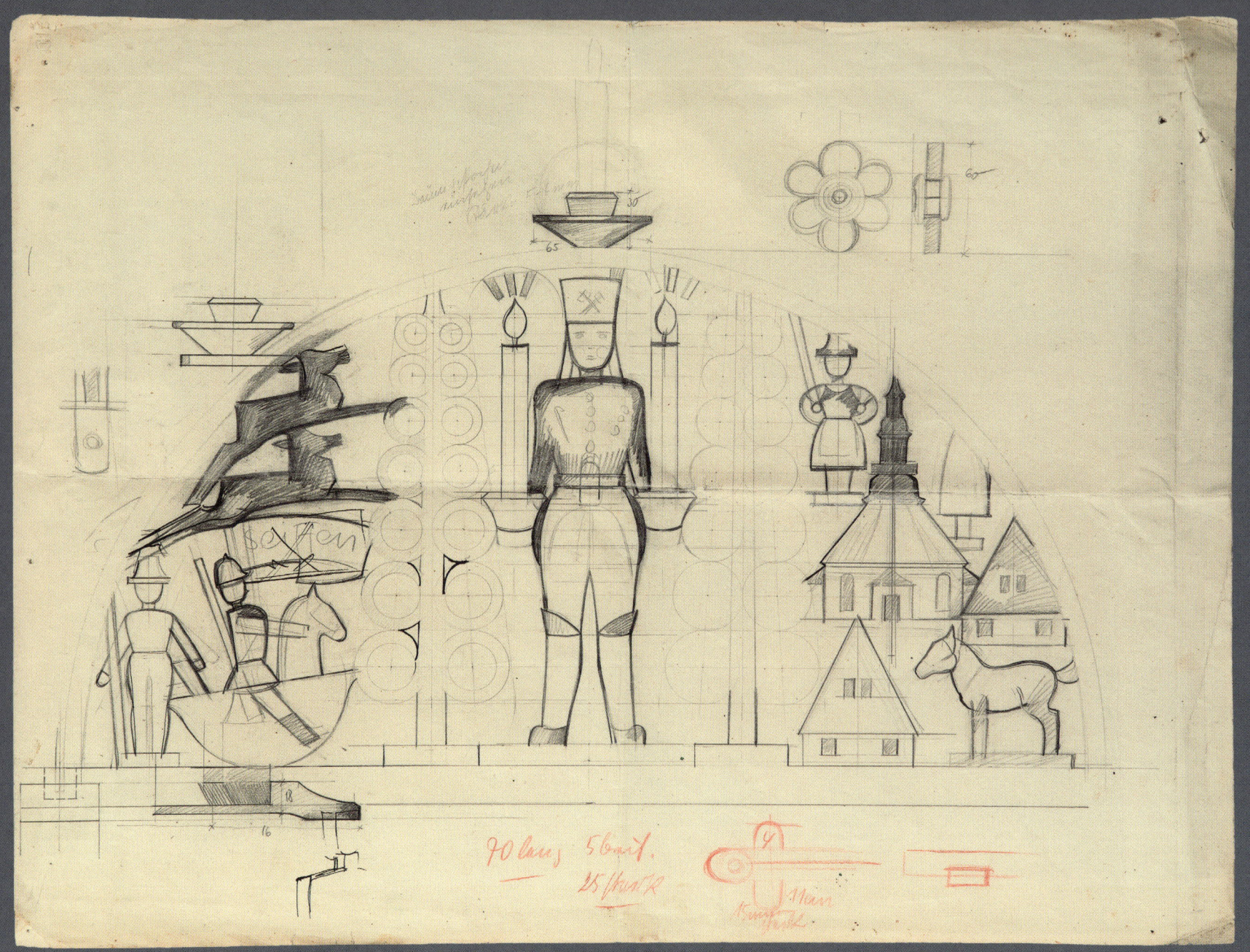

Der ca. 50 cm breite Holzschwibbogen entstand um 1940 und wurde wohl für Ausstellungen gebaut. Die ausgesägten Seiffener Motive sind mit lasierenden Farben bemalt, der Naturholzton dominiert. Entwurf Max Schanz

Schwibbögen

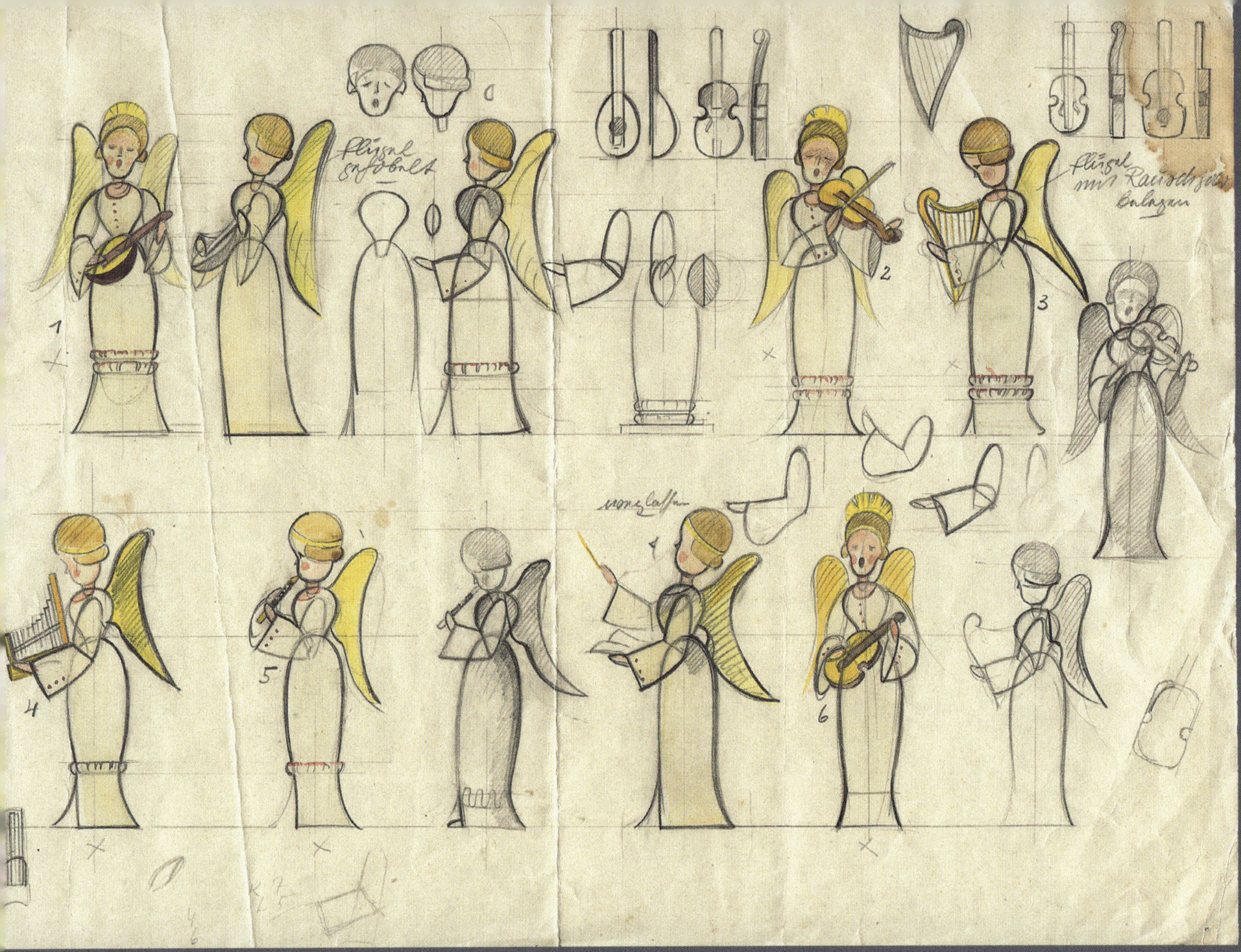

Max Schanz entwickelte verschiedene neue Ausführungen und Funktionen für den ursprünglich eisernen Bogen. Alle hergestellt aus Holz und auf die Fertigungstechniken des Seiffener Handwerks und der Fachschule bezogen. Dekupierte Motive aus der Bergwelt. Besonders stimmungsvoll: Die transparent farbig hinterlegten Dorf- und Landschaftsmotive, die durch Entzünden der dahinter gestellten Kerze Weihnachtsstimmung pur aufkommen lassen.

1 Detailzeichnung der Figuren

2 Ausführung mit gedrechselten, musizierenden Engeln, das Naturholz sparsam mit feinen Farben und Goldbronze bemalt. Ein großer Holzspan bildet den Himmelsbogen. Nach 1945. Breite: 35 cm

3 Entwurfszeichnung für ein Sommermotiv

4 5 Weitere Ausführungen mit Seiffener Motiven. Die Fenster der Häuser und der Himmel sind mit farbigem Transparentpapier hinterlegt und werden von Kerzen beleuchtet.
Breite Seiffen Dorfmotiv: 27 cm
Breite Erzgebirgshaus: 21 cm

Striezelkinder
Dr. Urs Latus, Erlangen

Welchen schöpferischen Anteil Max Schanz und Max Auerbach bei der Vollendung der Handmuster für jene Figurengruppe Anfang der 1930er Jahre hatten, lässt sich heute nicht mehr rekonstruieren. Entsprechende Entwurfszeichnungen wurden bislang nicht aufgefunden. Ob die Anregung zu den Gestalten nach Vorlage des Holzschnittblättchens von Ludwig Richter (1803 – 1884) *„Ausverkauf wegen Geschäftsaufgabe"* (1853) etwa direkt über Oskar Seyffert (1862 – 1940) und den Landesverein Sächsischer Heimatschutz kam, kann auch nur vermutet, mit Quellenbelegen jedoch nicht untermauert werden. Vielfach belegt ist, das Pärchen wurde über die Verkaufsstelle des Sächsischen Heimatschutzes beworben und verkauft. Richters romantisches Bildmotiv der frierenden Kinder-Händler vom *„Christmarkt in Dresden"* war weit über die Stadt hinaus bekannt und die qualitativ hochwertige Holzfigurengruppe aus Seiffen im Erzgebirge eignete sich hervorragend als identitätsstiftende wohltätige Gabe – das perfekte sächsische Weihnachtsgeschenk schlechthin. Insbesondere handelte es sich bei jenen Aktivitäten des Heimatschutzvereins, wie für andere Produkte ebenso belegt, um einen Akt unmittelbarer Gewerbeförderung. Der Grad der Inszenierung als *„Wunder in der weihnachtlich geschmückten Stube"* wurde ursprünglich noch dadurch erhöht, dass bei der Figur des Mädchens in die linke und beim Jungen in die rechte Hand eine Wunderkerze gesteckt werden konnte. Werbefotos in den Verkaufsprospekten bilden die Funken sprühende Szenerie ab. (Bis in die 1970er Jahre hinein wurde daher eine feine Bohrung zur Aufnahme der Wunderkerzen ausgeführt.)

Die Grundkörper der Figuren bestehen jeweils aus 11 oder 12 Drehteilen. Sie sind durch gezielte Anschnitte auf der Kreissäge weiterbearbeitet und mit Hilfe des Schnitzmessers bzw. an der Schleifmaschine zusätzlich geformt. Die Axialsymmetrie der gedrechselten Formteile wird dadurch gebrochen. Die Pudelmütze des Jungen wurde ursprünglich hohlgedrechselt und schräg auf den Kopf aufgeleimt. Dadurch wirkt sie wie natürlich aufgesetzt. Brettchen-Arme, Holzkasten, feines Zubehör (Lametta, leonische Drähte, Weihnachtsschmuck, Hampelmänner, Pflaumentoffel) und textile Teile (Kopftuch, geflochtene Perücke, Bauchladenriemen, Schal) komplettieren die Gestalten.

Durch diese ausgereifte Formgebung entsteht eine Körperlichkeit, die zugleich lebendige Bewegung ermöglicht. Die viel zu große Kleidung und die mächtigen Stiefel verstärken den Eindruck von Schutz und Bedürftigkeit. Die Fausthandschuhe jüngerer Exemplare fallen meist deutlich kleiner aus. Insgesamt wirken die Gestalten gut proportioniert und formvollendet. Die offenen Münder wurden ursprünglich mit einem Hohleisen gestochen und die feinen Näschen als Drehteil vom Reifen gespalten und angeleimt. Charakteristisch ist eine matte, fein abgestimmte Farbigkeit. Die Holzkiste des Bauchladens wurde anfänglich mit einer matten Lasur eingelassen. Hampelmänner und Schmuckteile wie kleine Sternchen oder Herzen sind farbig gebeizt. Die Beinchen der Pflaumentoffel aus Holzstöckchen wurden zuletzt durch stabile Drähte ersetzt.

Diese individuelle Oberflächenbehandlung unterscheidet das Figurenpaar von seinerzeit modischen kunstgewerblichen Holzartikeln. Dem allgemeinen Zeitgeschmack der 1930er Jahre folgend, standen Politur ähnliche Lackierungen in Kopal- und Schleiflack oder vergleichbare Oberflächen als „hochwertig" im Kurs. Hier unterstreicht die matte Farbe, die einen Auftrag mit dem Pinsel sichtbar stehen lässt, das Besondere und betont eine handwerkliche Ausführung. Insbesondere Max Schanz fühlte sich diesem ästhetischen Verständnis von Materialgerechtigkeit und Oberfläche verpflichtet. Jene Art der matten gedeckten Farbgebung geht sicher auf seine Gestaltungsprinzipien zurück und ist mit anderen Figurengruppen, beispielsweise den Kurrenden oder dem Knecht Ruprecht identisch. Parallelen finden sich hierfür bereits in Farbkonzepten von Albert Wendt (1851 – 1932), die er um 1905 an der Fachgewerbeschule Grünhainichen erarbeitet und die später durch Alwin Seifert (1873 – 1937) und Max Schanz weiterentwickelt wurden.

Von 1936 bis 1966 wurden die Striezelkinder von Max Auerbach hergestellt. Anschließend gingen sie in die Fertigung der PGH (Seiffener Produktionsgenossenschaft) und heutigen Seiffener Volkskunst eG und wurden bis 2018 in der originalen Fassung, Form und Farbe und in gleichbleibend hoher Qualität produziert. Mit dem Ruhestand der letzten Malerin der Figurengruppe fand auch diese Herstellung ihren Abschluss. Die Striezelkinder wurden rund 90 Jahre alt.

1 Entwurf Max Schanz, Seiffen um 1930. Ausführung Max Auerbach (1890 – 1977), auf Unterseite mit Kopierstift bezeichnet 1931. Höhe Mädchen ca. 13 cm, Höhe Junge 15 cm

1   Das Ehepaar Max und Erna Auerbach bei der Herstellung der Striezelkinder um 1936.

2   3   Die Striezelmarktkinder wurden bis 2018 in der „Seiffener Volkskunst eG" unverändert in der klassischen Form und mit Ölfarben bemalt hergestellt.

Betrachtungen der Kurrende
Mathias Zahn

Eine Figurengruppe, durchaus bekannt, und dennoch im Detail nicht geläufig – die Kurrende.

Die ersten Entwürfe entstanden Anfang der 30er Jahre. Zumeist fünf Figuren, 8 cm hoch, mit Gesangsbüchern, einer den Stern und die Laterne tragend. Buben in schwarzen Kutten, rotbackig, „schanztypisch" in ihren geneigten Haltungen unterstützen sie singend ihr Anliegen, die Geburt Christi lauthals zu verkünden und dafür ein paar süße Gaben zu erhaschen. Jeder Figurenkörper ist aus sechs gleichen Einzelteilen gebaut, allesamt gedrehte Teile mit formschlüssigen Anschnitten. Schwarz gekleidet mit rosaroten Köpfen, darauf ein Krempenhut. Die winzigen Näschen und die flachen Schuhspitzen waren aus gedrechselten Reifen gespalten.

Diese Gruppe seidenmatt lackierter Figuren wurde im Original ergänzt durch eine Art „Bühnenkulisse": Zwei Erzgebirgshäuschen und eine typische Wehrkirche. Gerade mal eineinhalb Zentimeter schmal geschnitten – eigentlich eine Silhouette, die „gerade so" zum Stehen kommt. Sie sind proportional kleiner, eine mattbraune Lasur betont die Maserung. Zwei Spanbäume ergänzen die Häuschen. Maserung. Die Gruppe wurde 1935 in die *Neue Sammlung* des *Bayerischen Nationalmuseums München* aufgenommen (heute *Pinakothek der Modernen*) und erhielt 1937 ebenfalls eine Goldmedaille auf der Weltausstellung in Paris.

Die Figuren wurden ursprünglich von Otto Ulbricht gefertigt, ab 1976 durch Heinz Preissler. In der Folge entstanden zahlreiche Varianten und Größen in verschiedenen Seiffener Werkstätten, die sich aber zunehmend von der Qualität des Originalentwurfs entfernten.

1

„Wir ziehen durch die Straßen
und friern an den Nasen,
auch frieren wir die Zehn,
doch singen wir sehr schön.

Wir singen Weihnachtslieder
die Straße auf und nieder.
Hell leuchtet die Latern,
der Max, der trägt den Stern.

Wir laufen als Kurrende
und frieren an die Hände,
auch frieren wir die Zehn,
doch singen wir sehr schön."

Kurt Arnold Findeisen:
Goldenes Weihnachtsbuch, 1940

3 Eine der ersten Entwurfs-
ausführungen der Kurrende

Tischpyramiden

94

Verschiedene zerlegbare Tischpyramiden, hergestellt ab 1935. In Schachteln verpackt, wurden sie als Weihnachtsgruß zu den Seiffener Soldaten an die Front geschickt. Die dreistäbigen Pyramiden stellten Elfriede Jahreiß und die Fa. Günter Flath nach 1948 her. Sie wird bis heute auch in der zerlegbaren Originalform hergestellt. Entwurf Max Schanz, Höhe ca. 32 cm

6 Der *Fachschulstern*, ein charakteristisches Symbol der Seiffener Schule. Gestempelt oder gemalt, ziert er Pyramiden- und Engelsflügel, Baumschmuck und Dosen. Er assoziiert das Flügelrad der kleinen Tischpyramiden.

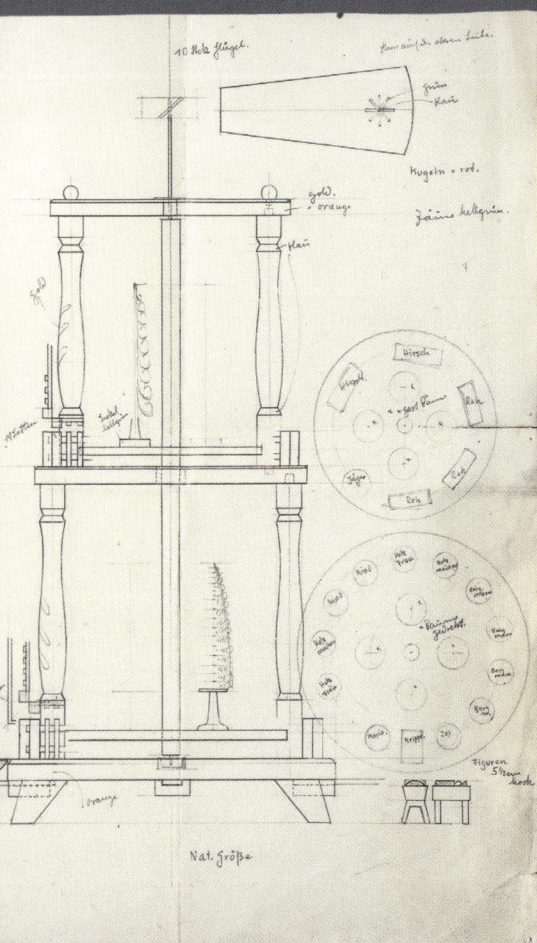

Ein- und zweistöckige Tischpyramiden

1 2
Waldpyramide mit Entwurfszeichnung

3 Krippenpyramide

4 5 6 7
Bergpyramiden zerlegbar, Alle Motive drehen sich um den Berg im Mittelpunkt

5 Replikat ca. 1960

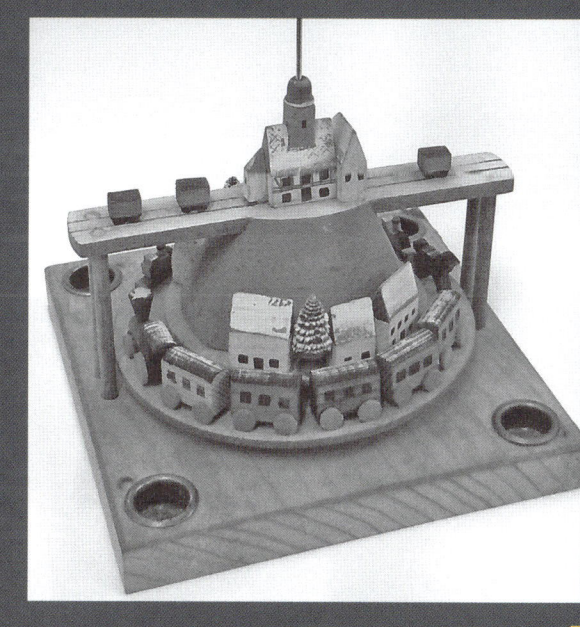

1

2

Neben dem berühmten Rastelbinder, dem Stülpner Karl und den prunkvollen Türken stellten Räuchermänner die unterschiedlichsten Berufe der Dorfbewohner dar. Händler, Förster, Wirt, Lehrer und zahlreiche Handwerker pafften in den Weihnachtsstuben fröhlich vor sich hin.

2 Ursula Schanz und Mitschülerin beim Bemalen einer Wirtsschar

3

„Du denkst, er schmauche Tabak
auf seinem Pfeifenrohr,
doch steigt ein Weihrauchwölklein
aus seinem Bauch empor.
Dass Männer innen hohl sind,
das kommt zuweilen vor.

Es gaukeln süße Düfte
in Schwaden um ihn her.
Verzückt geblähte Nasen,
bei Gott, die liebt er sehr.
Und die am hohlsten hohl sind,
die qualmen umso mehr."

Kurt Arnold Findeisen,
Goldenes Weihnachtsbuch, 1940

Räuchermänner

Auch die beeindruckende Figur des Sultans (Höhe: 28 cm) stammt aus den 30er Jahren. Die erste Musterserie wurde an der Fachschule gebaut, später stellte sie Herman Zenker am Schwartenberg für den Heimatschutz in Dresden her. Ihre Besonderheit ist die gegrätschte Beinstellung.

Sultan Soliman

Stülpner Karl

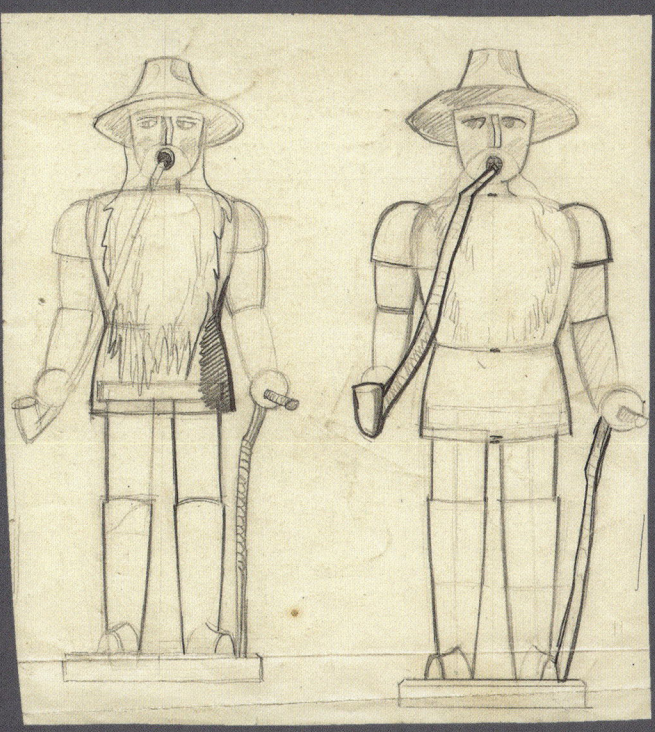

Der große Räuchermann *Wildschütz Stülpner Karl* mit seiner charakteristischen Kappe entstand zeitgleich mit dem Sultan um 1936. Hergestellt wurden beide in kleinen Stückzahlen von Hermann Zenker.

1 2
Stülpner Karl Replikat vom Spielzeugmacher Christian Kott. Orginalentwurfszeichnung Max Schanz

3 4
Rauchende Waldarbeiter und Moosmann

5 Holzarbeiter von Otto Frohs, hergestellt 1935/40. Sein Sohn Walter, Schüler von Max Schanz, baute die Figuren mit gedrechselten Armen bis Ende der 60er Jahre.

1   Prächtiger, 70 cm hoher Soldat, hergestellt um 1926 in der Fachschule. Kopf und Hände sind in Naturholz belassen. Die gemalte Verzierung wurde ergänzt durch goldene Schmucklitzen und Sterne. Grünhainicher Zeit mit Alwin Seifert. [S.117]

2   Auch der Nussknacker in der Blumenwiese zeigt diesen fachschultypischen Stil, mit Naturholz umzugehen. Seine Proportionen entsprechen dem berühmten Füchtner Nussknacker. Fachschule, als Einzelstück vermutlich eine Sonder- oder Musterfertigung. Höhe: 34 cm

Die Wackelblumen stammen wohl aus Grünhainicher Zeit. Sie sind besonders grazil und kunstvoll ausgeführt.

„Ich hab schon manche Nuss gepackt,
krick – krack und mitten durchgeknackt.
Der Spielzeugmacher der mich schuf,
gab mir das Knacken zum Beruf.
Ich knacke große, ich knacke kleine,
und was nicht aufgeht das sind Steine.
Ich knacke hart, ich knacke weich,
nur immer her, mir ist das gleich.
Doch sag ich eins euch ins Gesicht:
Verknacken – ha! – lass ich mich nicht!"

Kurt Arnold Findeisen,
Goldenes Weihnachtsbuch, 1940

Nussknacker

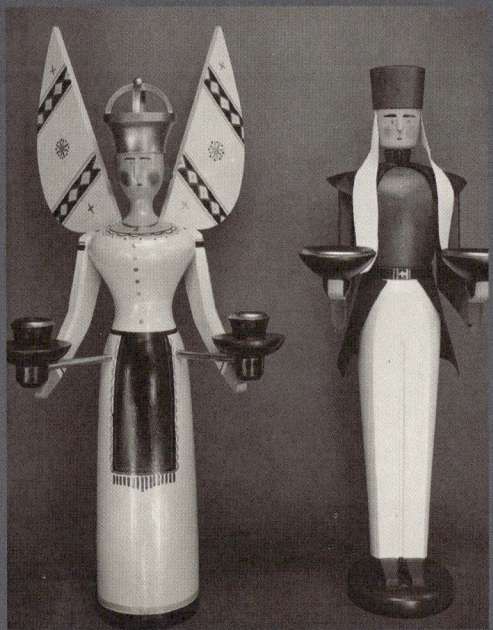

1 Bergmann und Engel in der zeittypischen Bekleidung, um 1940

2 Die Höhen des Figurentyps variieren von 26 bis 60 cm. Die großen Bergmänner und Engel wurden für Ausstellungen und Kirchen gefertigt. Die 47 cm hohe Ausführung wohl für eine Museumssäule, da der Sockel an der Rückseite abgeschnitten ist. Hergestellt wurden die Figuren zunächst an der Fachschule und später von Max Auerbach.

Bergmann und Engel

1

2

108

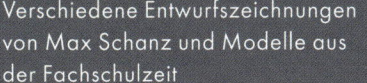

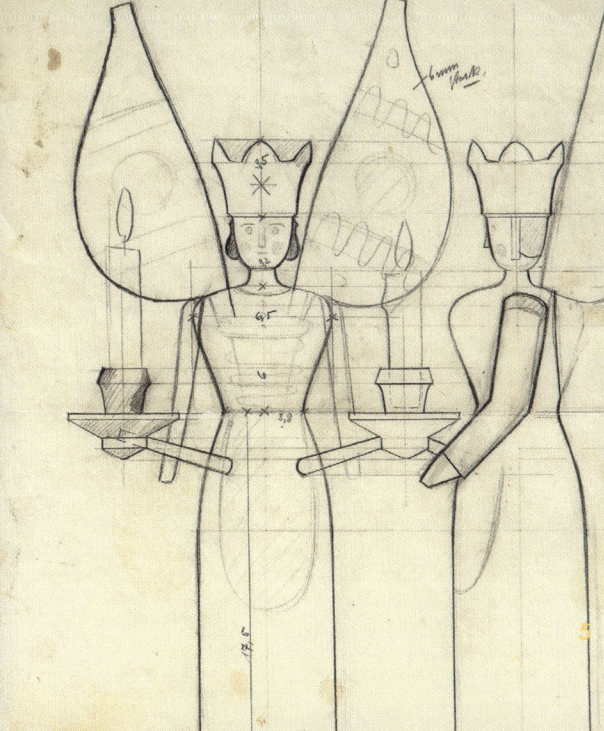

Verschiedene Entwurfszeichnungen von Max Schanz und Modelle aus der Fachschulzeit

1 Kleiner Bergmann, Höhe: 28 cm

3 Jochengel, Höhe: 44 cm

1 2
Der *Wackelweihnachtsmann*, ein Ruprecht aus den 30er Jahren. Mit Brille und heruntergezogenen Mundwinkeln blickt er ein bisschen drohend auf die Kinder. Aber durch den lustig schwingenden Körper und die vielen Geschenke wirkt er gemütlich, fast komisch.
Dieser Weihnachtsmann als überlebensgroße Figur auf einer Spieluhr bildete den Mittelpunkt der deutschen Weihnachtsschau 1935 im Berliner Funkhaus. Hier brachte ein Motor den Körper in Schwung. Als dieser ausfiel, mussten Mitarbeiter der Seiffener Schule hineinkriechen und den Ruprecht schaukeln.
[S. 119], Höhe der Tischfigur: 15 cm

3 4
Kleine Weihnachtsmänner haben es schwer und viel tun.
Höhen: 9 cm und 4 cm

Weihnachtsmänner

Dank an meinen Vater
Ursula Zahn, Ulm 1994
Nacherzählung Sabine Rommel

Erinnerungen und Erfahrungen – an der Grenze zum Erwachsen werden – sind möglicher Anlass für einen Rückblick.

Mein Vater Max Schanz wurde nach Abschluss der Kunstgewerbeschule Dresden als Zeichenlehrer am Schulamt in Dresden angestellt. Gefördert und empfohlen von Prof. Hofrat Seyffert, dem Gründer des Volkskunstmuseums Dresden, kam er 1920 an die Spielwarenfachschule Seiffen. Damals wurde sie von Prof. Alwin Seifert geleitet. Mein Vater war hier am rechten Ort, er wurde geschätzt und anerkannt als Künstler und Berater. Zwei Fachleute mit hohen Ansprüchen hintereinander sind ein wahrer Glücksfall für eine Schule, die Ergebnisse haben es gezeigt. Der von meinem Vater immer wieder erläuterte und praktizierte Gedanke war: *„ ... die Volkskunst ist die Basis aller Weiterentwicklung. Aber es ist unzumutbar und würde heißen, in Armut zu verharren, wollte man in gleicher Weise wie früher weiterarbeiten. Soziale Stabilität ist wichtiger als alle Nostalgie, es gibt die Möglichkeit, mit modernen Herstellungsmitteln auch gut zu sein, wir müssen und werden dafür einen gemeinsamen Weg finden."*

Um Herkömmliches und Modernes zu verbinden, brauchte es einen Vermittler. Hier hat die Fachschule mit wohl durchdachten Plänen, überzeugender Konsequenz sowie großem Einfühlungsvermögen das Alte bewahrt und gleichzeitig neue Wege gewiesen. Mein Vater arbeitete mit Freude und Begeisterung und ging dabei oft über seine Kräfte. Der Lehrkörper der Fachschule bestand aus Pädagogen und Praktikern. Die Notwendigkeit dieser Lehrverbindung dem Schulministerium immer wieder klar zu machen – es ging dabei meist um die Besoldung – war mühsame Überzeugungsarbeit. Zur Erfüllung des Schulprogramms war diese Wechselwirkung und Ausgewogenheit von Praxis und Theorie von großem Vorteil. Außerdem galt es gleichzeitig zwei Aufgaben zu bewältigen, die Ausbildung der Schüler und die Erneuerung des Gewerbes. Ziel aller Tätigkeit war die Förderung der Spielzeugindustrie zur Verbesserung der sozialen Lage der Hersteller und Erhaltung der volkskünstlerischen Werte in ihrer zeitgemäßen Fortführung.

Die Praxis war wie folgt: Die Kinder im Alter zwischen sechs und vierzehn Jahren kamen zu einem freiwilligen Werkunterricht. Nach Abschluss der Volksschule wurden sie Lehrlinge in der Spielzeugfertigung und besuchten die Fachschule weiter als Berufsschüler. War die Ausbildung abgeschlossen, fanden sich Gesellen und Meister weiterhin im Abendunterricht zusammen. In handwerklich-technischer Fortbildung wurde gezeichnet, entworfen und neue Möglichkeiten ausprobiert. In Gesprächen konnten Anregungen, Anweisungen und Erfahrungen ausgetauscht werden.

Wo fand dies alles statt? Im Erdgeschoss der Fachschule lagen die Werkräume mit Drehbänken, Sägen und Hobelmaschinen. Daneben befanden sich die Zeichenräume und gegenüber das Schulbüro. In der Mitte des Ganges gab es eine beleuchtete Vitrine mit den besten Spielzeugen, die im Laufe der Zeit im Hause entstanden, meist Einzelstücke, bis ins Letzte künstlerisch und handwerklich vollkommen. Dieser Lichtmittelpunkt gehörte zum Haus, wie die Maschinengeräusche und der Geruch von Holz, Leim und Farbe. Gegenüber der Vitrine führte die Treppe hinauf in den ersten Stock, geleitet von einem Handlauf mit farbigem, gesägten Fries. Er zeigte springende Hirsche und Tannenbäume, ein Entwurf meines Vaters und später sein ganz persönliches Zeichen. Dieses war auf Werbeprospekten und Plakaten zu finden, selbst die Post hatte eine Zeit lang einen Stempel mit diesem Symbol.

In der ersten Etage befand sich rechts sein Arbeitszimmer, links unsere Wohnung. An einem langen Gang reihten sich gegenüber zwei Malstuben und die Aula. Diese wurde erst später eingerichtet, mit beleuchteten Wandvitrinen, voll mit Spielzeug aus Schule und Handwerk. So führte die Treppe mit dem Fries in eine Schatzkammer dicht gedrängter Schaustücke: Bergmann und Engel, Nussknacker, Räuchermann, Pyramiden, Spinne und Lichterbogen, Miniaturen, ein wackelnder Weihnachtsmann, Laternen und Leuchter, Tiere, Schaukelpferde und Hampelmänner und viele Dinge mehr. Im hintersten Eck, ganz im Dunkeln, stand die erste, weiß bepuderte Darstellung der Seiffener Christmette. Ein Rundlauf bestückt mit Weiblein, Mann und Kindern mit Laternen in den Händen, das Ganze drehte sich hinein in die lichterhelle Kirche. Darum herum verschneite Häuser und Bäume, die zauberten einen Weihnachtswinter, wie man ihn sich erträumt. Gerraffter, dunkelblauer Stoff bauschte sich dahinter als Nachthimmel und an zarten Fäden hingen goldene Zackensterne und bewegten sich leicht. Leider funktionierte manchmal die Technik nicht so richtig, oft knarrte das Getriebe ganz unmelodisch und störte die feinen Töne der Spieldose, blieb sogar ab und zu stehen. Vom ersten Stockwerk ging eine weitere Treppe zu den Bodenkammern und auf den Oberboden. Hier standen Regale von unten bis oben gefüllt mit Spielzeug. Alles, was im Laufe der Jahre in der Schule gefertigt wurde und nicht den Schülern gehörte, stapelte sich hier.

Damals war ich gerade groß genug, um in die Ausstellung mit einbezogen zu werden. Wenn Besucher kamen, meist wichtige Leute wie Schulmeister, Studienräte und Vereinsmitglieder, natürlich alle mit Frauen, drückte man mir einen runden Korb in die Hände, der mit an Bändchen hängenden winzigen Spielzeugen gefüllt war. Nach der Führung wurde ich, mit leichtem Druck, eigentlich gegen meinen Willen, in den Saal geschoben, zu der würdigen Gruppe Erwachsener. Ich bat die Damen und Herren darum ihre Köpfe zu senken und streifte ihnen Schwein, Frosch, Storch oder Vogel über die Haare oder Glatze.

Was ist wohl aus den Ausstellungsobjekten, Theaterkulissen und dem Festwagenfundus geworden? Auch das lagerte einmal auf der großen Bühne und war eine geheimnisumwitterte Welt für uns Kinder, mit Drachenköpfen, Lindwurmteilen, Helmen und Lanzen und einer ganz großen rosa Sau aus Holz und gefärbtem Sackleinen. Unvergessene Eindrücke, besonders dann, wenn sie nicht im sonst üblichen, normalen Unterrichtsalltag eingebunden waren. Die Vorbereitungen für Ausstellungen in Teamarbeit von Lehrern und Schülern waren riesig. Einmal ein großer

Engel zu dessen Gesichtsbemalung eine Leiter gebraucht wurde, dann die Nussknackerstube, deren Wände mit Walnussschalen tapeziert wurden, eine Weihnachtswerkstatt mit Knecht Ruprecht und Zwergen bei der Arbeit, die Engelmalstube, Räuchermänner, die mechanisch pafften. Oder das große Fest zum siebzigsten Geburtstag von Prof. Seyffert, bei dem er zum Dank für die Förderung des erzgebirgischen Spielzeuges eine Spieluhr mit seiner Person und tanzenden Trachtenfiguren erhielt. Das alles sind wunderbare Erinnerungsstücke.

Ein besonderer Kraftakt von Lehrern, Schülern, Helfern und meinem Vater war die Gestaltung der Werbeschau 1936. Es sollte kein Museum für alte Kostbarkeiten werden, sondern eine beeindruckende Demonstration und Werkschau, um dem Handwerk zu helfen. Um dem Ort Seiffen Aufmerksamkeit zu bringen, wurde mit wenigen Mitteln eine ehemalige Fabrik in Gemeinschaftsarbeit umgebaut. Die Fachschulbestände bildeten den Grundstock, alles Weitere musste neu gebaut werden oder kam aus Privatbesitz. Die Decke wurde durchgebrochen, um Platz für eine fünf Meter hohe Pyramide zu schaffen. Die Umzäunung des oberen Stockwerks zeigte wieder Baum und Hirsch. Im zweiten Stock befanden sich die Schauwerkstätten mit Handwerkern, die für die Besucher drechselten, schnitzten und malten. Eine perfekte Information und Werbung.

Durch meinen Vater wurde die Anerkennung des Spielzeugmacherberufes erreicht. In diesem Zusammenhang ist es wichtig zu wissen, wie damals gearbeitet wurde. Wenn mein Vater Entwürfe machte, gezielt auf Verlangen oder als Angebotsalternative, um Neues zu bringen oder weniger Gutes zu ersetzen, dann war das unentgeltlich. Es gab auch keine Lizenzgebühren. Aber es gab die Verpflichtung, die mit der Ausgabe fertigungsreifer Pläne und Zeichnungen verbunden war. Nach einer gewissen Zeit oder einer bestimmten Stückzahl brachte der Handwerker das fertige Teil aus der Serie zur Begutachtung, Besprechung oder eventuellen Änderung zurück an die Schule. Damit wurde gewährleistet, dass Proportionen und Ausführung dem Originalentwurf weitgehend entsprachen. Diese Kontrolle, die heute üblich ist, war 1940 ungewöhnlich und eigentlich sehr modern. So entstanden Dinge, die die Zeit überdauerten und teilweise noch heute hergestellt werden. Und die damals schon mit Preisen ausgezeichnet wurden.

Die Nähe zu den Spielzeugmachern war meinem Vater sehr wichtig: *„Volkskunst kann nur das sein, was ganz ursprünglich entsteht, so wie bei Auguste Müller, vom gehackten Brennholz ein Scheit und mit dem Messer daran geschnitzt bis das Stück den eigenen Vorstellungen entspricht. Das Empfinden für die Wahrheit und Richtigkeit ist beim Volkskünstler noch unverbildet vorhanden."* Mein Vater und ich besuchten Auguste Müller gerne, damals war sie noch ganz unbekannt. Sie schnitzte und bemalte Szenen, die sie beeindruckten: Stadtmenschen, Originale und Persönlichkeiten, Ereignisse aus ihrem Umfeld. Das machte sie in ihrer Wohnküche. Mittendrin ein großer Kachelofen, ringsum waren die Holzscheite aufgebaut, wie in einem Hexenhäuschen. Sie hatte fröhliche Augen, einen grauen Dutt und trug immer eine Flügelschürze. 1927 hat sie auch meine Eltern und mich auf ein Brettchen gezaubert.

Die zweite große Aufgabe meines Vaters war die Werbung zur Förderung des Verkaufs. Große Ausstellungen im Funkturm Berlin, in Königsberg, Dresden, München, Leipzig und vielen kleinen Orten im Erzgebirge. Der Bekanntheitsgrad war Voraussetzung für das Interesse am Spielzeug. Die Fachschule nahm mit Festwagen an Umzügen teil, Festzeichen wurden entworfen, hergestellt und verkauft. Die Abzeichen des *„Winterhilfswerks"* fanden reißenden Absatz, weil sie als Christbaumschmuck begehrt waren.

Zum Anziehungspunkt Werbeschau kamen zahlreiche Bühnenschauen im Saal und später im Sommer jeden Sonntag auf der Freilichtbühne im Zinnbergwerk „Binge". Sächsische Dichter wie Kurt Findeisen, Max Wenzel und Max Zeibig lasen Geschichten und diese wurden auch aufgeführt. Kinder stellten die typischen Erzgebirgsfiguren bei Festen und Umzügen dar, das *„lebendige Spielzeug"*. Sogar ein Spielfilm *„Hänschen fährt ins Spielzeugland"* wurde gedreht. Während des Krieges schickte man den Seiffener Soldaten einen Gruß zum Weihnachtsfest. Mein Vater entwarf eine kleine, zerlegbare Pyramide in einer Schachtel, die so verpackt an die Front gebracht wurde. Werbeprospekte, Faltblätter, Postkarten und Zeitungsartikel, entworfen und geschrieben von meinem Vater, unterstützten alle Unternehmungen. Eine fruchtbare Zusammenarbeit bestand auch mit dem *„Sächsischen Heimatschutz"* in Dresden, der dort in einem eigenen Geschäft Seiffener Spielzeug verkaufte und für Seiffen warb.

Zeichnen und Malen waren wichtiger Ausgleich für meinen Vater. Der Maler und gleichzeitige Lehrer gab in der Fachschule Zeichenunterricht nach der Natur, er ging mit den Schülern ins Freie zum Aquarellieren. Sieht man sich seine Entwürfe für das Spielzeug an, erkennt man sein Wissen um Proportionen und die gründlichen Studien am Objekt. Aus dem Bleistiftstrich entwickelte er die Gerade und Strenge für die Form in Holz. Aber beim Malen bevorzugte er die Wasserfarbe, das Aquarell zeigte seine leichte Hand. Die Stunden in der Natur, am Feldrain, vor einem schindelgedeckten Haus oder mitten in einer Blumenwiese, waren für ihn die glücklichsten. In der Stille ruhte er sich aus. Trotz seiner Behinderung durch das fehlende Bein ging er weit die Felder entlang und saß dann, den Zeichenblock auf den Knien mit dem Pinsel in der Hand, versunken in seine Arbeit.

Ein besonderes Verhältnis bestand zur Seiffener Kirche. Sein großer Einsatz galt der Kirchengemeinde und der Kirche selbst. Er machte die barocke Rundkirche zum Wahrzeichen für den Ort Seiffen. Zu Festtagen schmückte er sie persönlich mit. Heiligabend war wunderschön. Wir gingen gemeinsam zur Christmette, alles war tief verschneit, der Schnee glitzerte. Alle Kinder hatten ihre selbst in der Schule hergestellten, bunt leuchtenden Holzlaternen dabei. Überall aus den Häusern und Höfen kamen die Kinder und Schüler, schwebten die Laternen über die schneebedeckten Felder zu unserer Kirche hin. Vom Turm oben wurden Weihnachtslieder geblasen und wir Laternenkinder zogen in die vollbesetzte Kirche ein. Sie war mit Tannengirlanden geschmückt und nur mit Kerzenlicht beleuchtet. Wir stellten unsere Weihnachtslaternen am Anfang jeder Sitzreihe ab und der Weihnachtsgottesdienst begann.

Danach schwebten die bunten Laternen zurück durch die nächtliche, Schneelandschaft. Das anschließende Festmahl „*Neunerlei*" war Tradition, dazu gehörten Klöße, Sauerkraut, Würste, Linsensuppe, Heringe und Nüsse, als Nachtisch gab es Heidelbeerkompott.

Als mein Vater 1945 die Schule verlassen musste, war die Kirche, mit der er sich so verbunden fühlte, für ihn die stützende Kraft. Trotz Rehabilitierung folgte die Entlassung aus der Schule, er verlor seine Wohnung dort, die neue Unterkunft lag am Feldweg, mit wunderbarer Aussicht auf das Dorf Seiffen, auf die Kirche und die Hügel gegenüber. Er malte und zeichnete in dieser Nachkriegszeit viel, er gestaltete neues Spielzeug, Leuchten und Laternen für die Kirche und schnitzte Krippen zum Verkauf. Auch Pyramiden entstanden, von ihm entworfen, von seinen ehemaligen Schülern und seiner Mitarbeiterin, Elfriede Jahreiß hergestellt und von ihm und meiner Mutter Hanna bemalt. Er nahm mit seinen Figuren und Pyramiden an Wanderausstellungen zur Weihnachtszeit in verschiedenen Kirchen teil und entwarf am Ende, bereits krank, in Rostock eine große Ausstellung für den evangelischen Kunstdienst. Viel Unterstützung und Anteilnahme bekam er in dieser letzten Zeit von seinen Freunden und Schülern und auch der Kirche.

Was ist geblieben? Sein Grab mit dem Findling auf dem Seiffener Friedhof. Im Spielzeugmuseum und im Ort selbst finden sich überall Dinge die an ihn erinnern – Bilder in den Stuben vieler Häuser, Erzählungen der Alten über ihn und seine Arbeit. Und vor allem das Spielzeug selbst, das seinen Einfluss zeigt.

1 Max Schanz mit Tochter Ursula 1946/47

2 Werkabend in der Fachschule 1926

1 Fasnachtswagen um 1935 mit Ursula und Gottfried Schanz

2 3 Geschenk von Auguste Müller, 1927, Max Schanz mit Frau Hanna und Töchterchen Ursula

4 Ursula (r.) und Gottfried Schanz (l.)

5 Bienhof im Osterzgebirge, Naturschutzgebiet des Heimatschutzes. Hier verbrachte die Familie Schanz mit Mitgliedern und Freunden über Jahre ihre Sommerfrische.

6 Mittelpunkt der Weihnachtsschau 1935 am Berliner Funkturm war der 4 m hohe *Wackelweihnachtsmann* auf einer riesengroßen Spieluhr.

4

5

Deutsche Weihnachtsschau am Funkturm Berlin 1935

6

2

3

4

Ausstellungsszenen von 1938/39,
besondere Themen und Stücke

1   *Die große Waldkrippe*

2   3
    Zwergenwerkstatt Knecht Ruprecht

4   *Sturm der Nussknacker*

Der 45 cm hohe *Gabenengel* ist einer der letzten Entwürfe von Max Schanz. Diese schlichte und durch die sparsame, lasierende Bemalung schon fast überirdisch wirkende Figur wurde von Max Schanz für die Schweriner Ausstellung 1952 entworfen. Eine Besonderheit sind die oval gedrechselten Arme.

Den Namen Gabenengel erhielt er, weil er bei Familie Schanz und auch bei den nachfolgenden Generationen auf dem Gabentisch stand und die Geschenke brachte.

Gabenengel

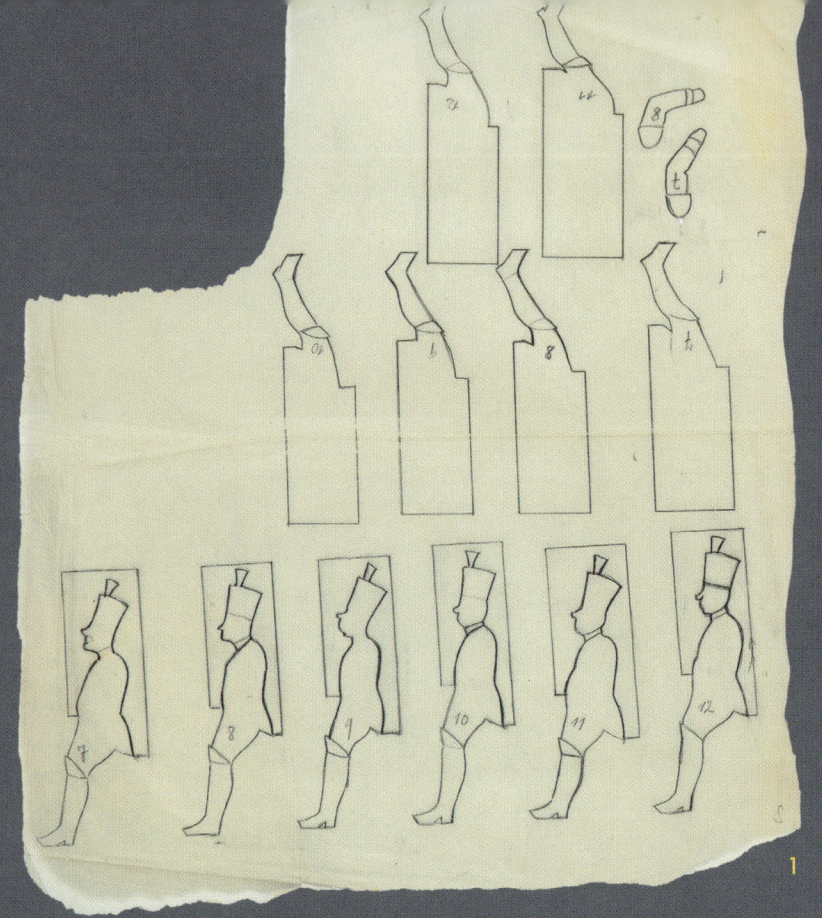

Prächtige, 115 cm hohe, Naturholzpyramide. Dieses besondere Einzelstück schenkte Max Schanz seiner Tochter Ursula 1946 zur Hochzeit. Er beschnitzte die ausgesägten Figuren selbst und bemalte sie gemeinsam mit seiner Frau Hanna. Die Pyramide war von da an der Mittelpunkt der Weihnachtsstube.

Die vierstöckige *Bergmannpyramide* zeigt neben der Krippe Seiffener Motive, einen großen Bergmannszug, Jäger, Waldleute, Skifahrer, eine Waldszene. Auf der oberen Etage steht eine Gruppe „wild gestochener" Bäume. Die gespahnten Locken werden dabei nicht in einer Reihe, sondern versetzt gestochen. Diese spezielle Technik ist aufwendig und erfordert besonderes Formgefühl. Sie wird heutzutage nur noch von wenigen Drechslern beherrscht.

1 Schnitt- und Entwurfszeichnung für das Fräsen der Bergleute

Große Pyramiden

1

2

3

4

5

6

1 2
1950 entwarf Max Schanz für die Weihnachtsausstellung des *Evangelischen Kunstdienstes* in Eisenach eine weitere, vierstöckige Naturholzpyramide. Pfarrer Gerhard Kappner erwarb sie dort. Seine Tochter vermachte sie 2006 dem Seiffener Museum.

3 „Für Hanna" steht auf dem Grundbrett der 60 cm großen, dreistöckigen Glockenpyramide. In dieser Farbe ist sie ein Einzelstück. Max Schanz baute und bemalte sie in festlichen grauen, blauen und silbernen Tönen für seine Ehefrau.

Diese vierstöckige Pyramide war wohl ein Prototyp, hergestellt um 1950. Das Gestell und die Figuren sind deckend matt bemalt. Alle Figuren werden frei aufgestellt. Die Anordnung der Szene ist variabel, nicht wie üblich durch Zapfen und Löcher auf den Drehscheiben festgelegt. Entwurf Max Schanz

1 2
Entwürfe von Stand- und Hängeleuchtern. Die *Fachschulspinne* [1+4] ist überaus reich mit Drehteilen geschmückt. Entwurf Alwin Seifert, Max Schanz

3 Standleuchter, Entwurf Max Schanz

Leuchterspinnen

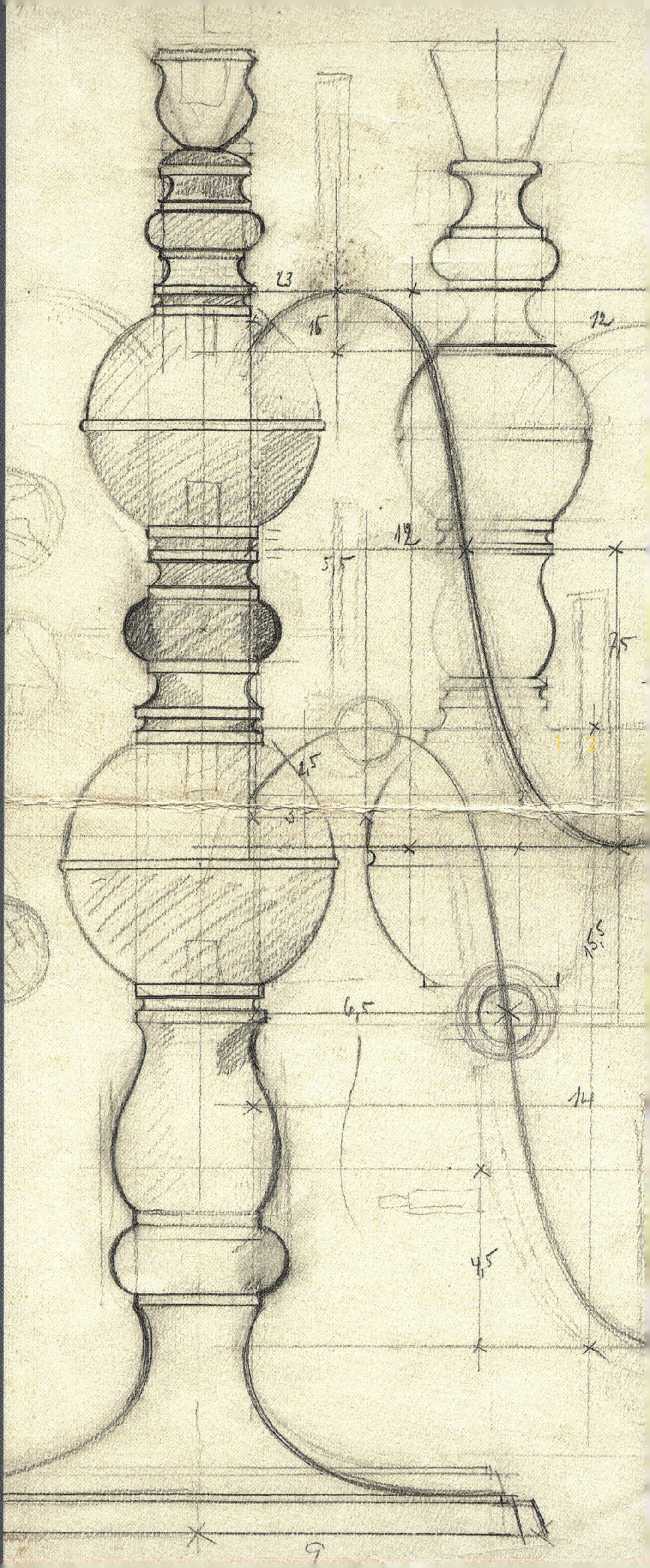

1

3

2

An der Seiffener Fachschule wurden viele verschiedene Entwürfe und Ausführungen von Christbaumschmuck entwickelt. Bemalt mit matten Farben, die den meist sichtbaren Holzton unterstützen. Viele Muster gingen an die Handwerker zur Serienfertigung. Zusammen mit den WHW-Abzeichen, die teilweise auch als Christbaumanhänger gedacht, gesammelt und in großer Stückzahl hergestellt wurden, entstand ein neuer, ausbaufähiger Erwerbszweig. Es war ein besonderes Erlebnis für die Fachschüler. Anfang der Adventszeit fuhren sie nach Dresden und schmückten im Oskar Seyffert-Museum den Fachschulchristbaum.

Christbaumschmuck

4 Präsentationsständer dekoriert mit Holzschmuck.

1 2 3 4
Große Ausstellungslaterne,
Höhe 47 cm

4 Die kleine Laterne entwarf und baute
Max Schanz für sein erstes Enkelkind,
Höhe 30 cm

Laternen

1 2
Schablonen für Laternen mit
Spielzeugmotiven, Max Schanz

3 4
Transparententwürfe für
Faschingslaternen, Max Schanz

Die Seiffener Werkstätten erhielten Musterlaternen, Zeichnungen und Schablonen kostenlos. Die Laternen wurden daraufhin in serieller Fertigung zum Verkauf für Privatpersonen, Ausstellungen und Kirchen hergestellt. Ursprünglich für die Adventszeit konzipiert, wurden die Laternen später auch für andere Jahreszeiten entwickelt. In den 30er Jahren entstanden zerlegbare Laternen sowie eine dreiseitige Sonderform.

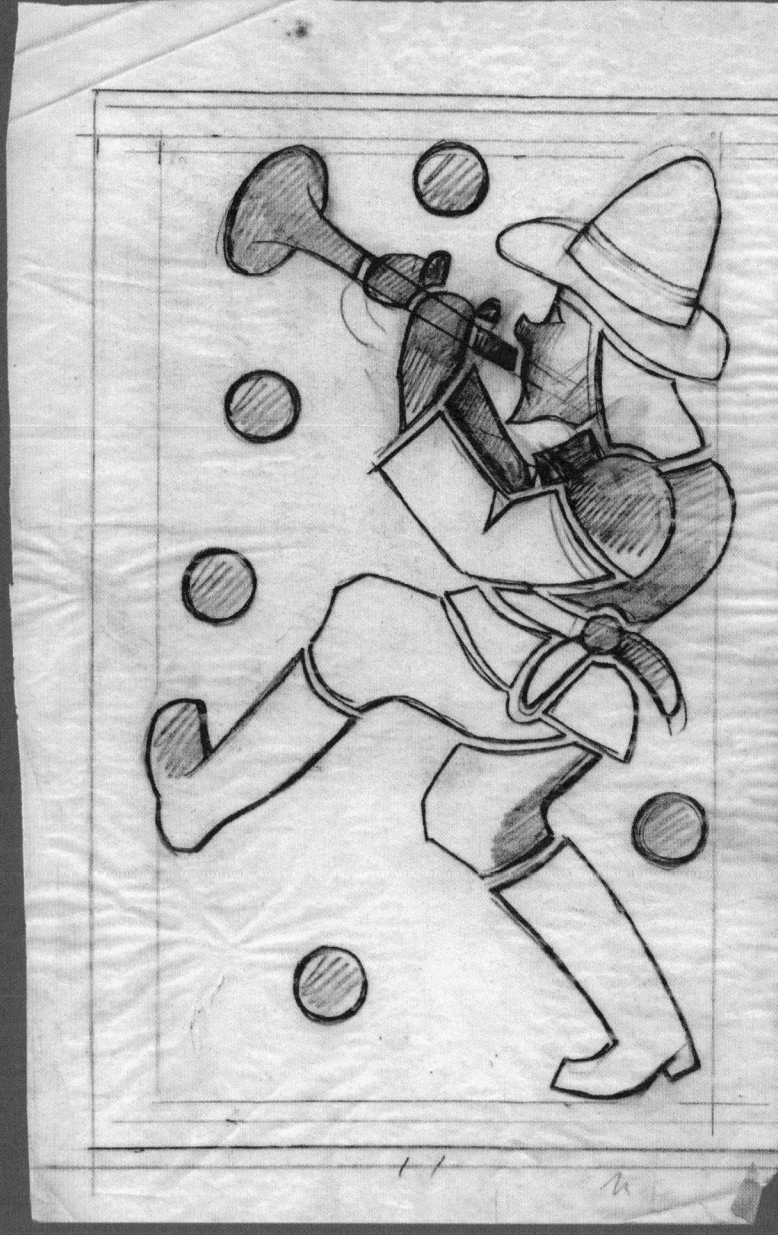

Mettengang
Edgar Hahnewald, Dresden 1927

„Mittlerweile ist der Abend auf das weiße Dorf gesunken. Wir gehen über knirschenden Schnee im gelben Fensterschein der kleinen Häuser. Wir gehen zur Christmette. Das weiße Schneezelt des Daches der kleinen Kirche am Talhang ist in der blauweißen Dämmerung verschwunden. Um den unsichtbar gewordenen Turm über den weißen Dächern schwebt im Dämmerschein ein holder weihnachtlicher Zauber. Ein Kranz gelbschimmernder Laternen ist angezündet worden und eine einzelne Laterne hängt darüber in der Laube des Turms wie ein friedlichwarmer Stern.

Um ein verschneites Haus im Schneelicht kommt leise schaukelnd eine bunte Laterne, eine zweite, eine dritte, eine vierte, fünfte, sechste – ein ganzes wallendes Meer leuchtender Blumen schwebt langsam über den Schnee auf uns zu. Laternen, in deren dunkle Gehäuse Bilder eingeschnitten und mit durchscheinendem Buntpapier hinterlegt sind … Durch das Papier schimmern die Kerzen im Inneren der Laternen. Die Bilder glimmen sanft wie die bunten Fenster erleuchteter Kirchen in der Nacht. Sie ziehen an uns vorüber und unter den Laternen gehen Schüler der Spielwarenfachschule mit angeleuchteten Gesichtern. Sie ziehen den Berg hinauf zur Kirche und wir mit ihnen.

Die Kirche ist gedrängt voll. Viele Kinder sind da … Glitzernde Glasleuchter brennen und um den Altar strahlen grüne Weihnachtsbäume. Die Schüler mit ihren Laternen gruppieren sich dort. Manche sind auf die Empore gestiegen. Überall glühen die Laternenbilder wie bunte Fensterchen. Die Orgel füllt das kleine runde Schiff mit feierlichem Brausen. Die Gemeinde singt: „Es ist ein Ros entsprungen" … Der Atem der Singenden geht über die vielen Lichter hin, die Flammen wehen und neigen sich dem Altar zu wie leuchtende Blumen einer himmlischen Wiese. …

Das Dorf liegt still und weiß zu Füßen der singenden Kirche. Die beschneiten Dächer verschwinden im Schneelicht der sternenklaren Nacht. Man sieht nur die schwarzen Schindelgiebel mit den eingeschnittenen gelben Fenstern wie Zelte im Schnee stehen. Darüber schwebt der Laternenkranz der unsichtbaren Kirche wie ein magisches Zeichen des Friedens in der blauen Nacht …" [1]

2 Mettengang, eines der wenigen Ölbilder von Max Schanz entstand um 1950

3 Holzlaterne aus der Seiffener Rundkirche

Textquelle:
1 Hahnewald, Edgar
aus „Weihnachtsdörfer" 1927

Ein wichtiges gemeinschaftliches Ereignis in der Fachschule war die Vorbereitung zur Mettenschicht. Die Lehrer und Schüler bestückten die Laternen mit Kerzen. Von deren Licht begleitet stapfte man, gemeinsam mit den anderen Kindern, durch den glitzernden Schnee in die Seiffener Rundkirche. Nach dem Einzug in die Kirche erklang von der Orgel der Zimbelstern, überall leuchteten die Kerzen und die Christmette begann.

Weihnachtsmensch und Mann der Kirche
Pfarrer Michael Harzer, Bergkirche Seiffen 2020

Als ich im Oktober 2005 meinen Dienst als Seiffener Pfarrer antrat, hatte ich bald teil an den Erinnerungen der älteren Seiffener. Vieles aus früherer Zeit wurde mir so lebendig erzählt, dass es mir bald so erschien, als hätte ich es selbst miterlebt. Zu diesen Erinnerungen gehören Ereignisse, Dinge, vor allem aber Menschen, Persönlichkeiten, die unser Weihnachts- und Spielzeugdorf nachhaltig geprägt haben. Unter diesen prägenden Gestalten des Ortes Seiffen und der Kirchgemeinde Seiffen im 20. Jahrhundert nimmt Max Schanz zweifellos einen der ersten Plätze ein – von den alten Seiffenern wird sein Name wohl am häufigsten genannt, wenn es um weihnachtliche Traditionen in Seiffen geht. Von 1895 – 1953 währte seine viel zu kurze Lebenszeit. Vieles, was er damals angestoßen hat, ist heute selbstverständlich geworden. Über manches würde er sich wohl freuen, es so erleben zu können.

Wie mag der 25jährige Seiffen erlebt haben, als er 1920 aus Dresden herauf ins Gebirge kam? Kommunalpolitisch waren es damals noch drei bzw. sogar vier Orte, die das Kirchspiel Seiffen umfasste: Der alte Kernort Seiffen, das etwas größere Dorf Heidelberg, Oberseiffenbach und das nur teilweise zu Seiffen gepfarrte Niederseiffenbach. Erst 1939 wurden diese Einzelortschaften zu der Kommune Seiffen zusammengefasst. In allen Orten gab es ein eigenes kleines Rathaus, eine eigene Schule, eigene Vereine. Die Kirchgemeinde war neben der Ausrichtung der gesamten Region auf die Spielwarenindustrie das Bindeglied zwischen diesen Orten, in denen 1920 knapp 3600 Einwohner lebten. 1914 war im damaligen Albertsalon die erste Werbeschau für Seiffener Erzeugnisse entstanden. 1919 hatten sich die hiesigen Handwerker zu einer Genossenschaft, der Dregeno, zusammengeschlossen, um ihre Erzeugnisse besser zu verkaufen. 1921 begann der musikalisch und literarisch bewanderte Pfarrer Georg Haupt seine Tätigkeit in Seiffen. Sehr bald entwickelte sich eine Freundschaft zwischen Max Schanz und dem wenige Monate älteren Pfarrer. Darauf lässt auch das Bild schließen, welches Max Schanz ihm 1946 zum 25-jährigen Dienstjubiläum widmete. Wenn man die Berichte in den Seiffener Gemeindeblättern der 1920er / 1930er Jahre liest, spürt man, wie sich die beiden gegenseitig ergänzten und unterstützten.

Blicken wir anhand der Kirchenvorstandsprotokolle, Gemeindeblatt-Veröffentlichungen und persönlicher Berichte etwas genauer auf das Wirken von Max Schanz innerhalb der Seiffener Kirchgemeinde: Am 7. Juni 1925 wird Max Schanz in das verantwortliche Gremium der Kirchgemeinde, in den Kirchenvorstand berufen. Am 12. März 1926 erfolgt seine Wahl zum sachverständigen Berater in den Bauausschuss des Kirchenvorstandes, in dem er die Verantwortung für alle Bau- und Friedhofsfragen trägt. Zunächst bis 1939 gehört Max Schanz dem Kirchenvorstand an und hat kaum eine Sitzung versäumt. Von 1939 bis 1946 taucht sein Name nicht mehr auf: Wir haben kein Dokument und keine Notiz über sein Ausscheiden aus dem Kirchenvorstand. Doch wir nehmen an, dass er als Direktor der Fachschule durch Druck der braunen Machthaber genötigt wurde, aus der offiziellen aktiven Mitarbeit in der Kirchgemeinde auszusteigen.¹

Keineswegs ausgestiegen aber ist Max Schanz aus seiner christlichen Überzeugung und seiner Verbundenheit mit dem christlichen Glauben und der Seiffener Kirche. Davon zeugen seine Stabpyramide mit Christi Geburt, die Pyramide mit dem Kirchberg und der Schwibbogen ebenfalls mit der Seiffener Kirche, die als kleine Gaben aus der Heimat den Seiffener Soldaten an die Front geschickt wurden. Max Schanz, der im 1. Weltkrieg selbst Frontsoldat gewesen war und dabei ein Bein verloren hatte, wusste, was einem da draußen, wo junge Männer zu Tätern und Opfern zugleich wurden, tröstet und Halt geben kann.

Als der 2. Weltkrieg zu Ende gegangen war, wurde Max Schanz trotz politischer Rehabilitierung durch die neuen Machthaber aus seinem Wirkungskreis hinausgestoßen. Diesem Prozess ging offensichtlich eine äußerst kontrovers und nicht nur sachlich geführte Diskussion zur Einschätzung seiner Verdienste und Person voraus. Die Kirchgemeinde war ihm wohl in dieser schwersten Zeit seines Lebens die Größe, die ihm Arbeitsmöglichkeiten und einen Lebenssinn gab. Am 26. Juli 1946 wird Max Schanz als „künstlerischer Berater" in den Kirchenvorstand gerufen, um zunächst Gedenktafeln für die Opfer des 2. Weltkriegs zu entwerfen. Über eine Umsetzung ist nichts bekannt. Im Sommer 1947 wird er erneut Kirchvorsteher und bleibt es bis zu seinem Tode im September 1953. Insgesamt hat er also 20 Jahre dem Seiffener Kirchenvorstand angehört.

Von Anfang an war Max Schanz überaus aktiv in seinem Dienst und ließ seinen Vorschlägen gerne Taten folgen. So lesen wir im Kirchenvorstandsprotokoll der Sitzung vom 8. August 1925: „Herr Schanz verspricht zuvörderst nach Kräften für die Verschönerung des Kirchenschmucks zu sorgen, besonders zu den hohen Festen. Unter anderem wird die Entfernung der früher gestifteten Holzleuchter in Erwägung gezogen, die nach gründlicher Reparatur wieder zur Verwendung kommen sollen, auch stimmt man dem Aufhängen von ausgeschnittenen Holzlaternen über den Türeingängen zu."

Sehr gut kennen wir die hier erwähnten Laternen: Sie sind zum ersten Mal auf einem Foto von etwa 1930 zu sehen und zieren bis heute in der Zeit vom Dienstag vor dem 1. Advent bis zum Lichtmessfest unsere Kirche. Allerdings blieb es nicht bei den „Laternen über den Eingängen", sondern es kamen noch Laternen auf der Orgelempore hinzu. Max Schanz hat hier wunderbare Motive aus der Weihnachtsgeschichte des Matthäus- und Lukas-Evangeliums geschaffen. Die Hirten, die Weisen, Maria und Josef an der Krippe, aber auch die Soldaten des Herodes sind auf den großen Laternen zu sehen. Die kleineren Laternen auf der Orgelempore zeigen Mutter Maria mit dem Kind, Josef mit dem Esel, den Engel mit der Rose und den knienden Hirten. Pfarrer Haupt hat die Laternen in besonderer Weise gewürdigt: „Am Dreikönigsfest musste die Laterne unter der Orgel mit dem Bild der Weisen Richtung Altar gedreht werden und er sang im Gottesdienst das Lied ‚Drei Kön'ge wandern aus Morgenland' von Peter Cornelius".²

Die Aufnahme von 1930 zeigt auch das, was damals bei einigen Leuten etwas Unmut auslöste: Max Schanz lag es am Herzen, die Kirche in der Advents- und Weihnachtszeit mit Reisig-Girlanden zu schmücken. Zweifellos ist das ein schönes Bild, aber es macht eben auch eine Menge Arbeit. Offensichtlich führte das zu etwas Streit mit dem langjährigen Kirchner, der darüber seinen Unmut äußerte, aber doch seine Aussagen dann zurücknahm.[3] *„Immerhin schmückte ja Max Schanz als Gewerbelehrer selber mit."*[4]

Ein Vorschlag von Max Schanz brauchte eine Weile bis zu seiner Umsetzung. Am 15.11.1929 äußert Max Schanz in der Kirchenvorstandssitzung den Vorschlag, *„zur Betonung des heimatlichen Charakters der Kirchen an den beiden Pfeilern Engel und Bergmann anzubringen"*. Dreißig Jahre später, nach der Kirchenrenovierung 1959, wurden die beiden Figuren, gefertigt von der Firma Füchtner, am Haupteingang der Kirche aufgestellt. In einem Artikel im Kirchgemeindeblatt 1928 plädiert Max Schanz leidenschaftlich für den Erhalt des echten Kerzenlichts in der Seiffener Kirche. Weil dies eines der wenigen schriftlichen Zeugnisse aus seiner Feder ist, zitiere ich ein etwas längeres Stück daraus.

„ ... Kennst du sie, lieber Freund? Doch ganz gewiß! Es ist ja dein Heimatkirchlein, droben am Bergeshang, im schön gegliederten Bau, mit dem schlichten, grauen Schieferkleide und dem wetterfesten Bergmann droben in der Spitze. Und so wie du deine Heimat, deine Berge und Wälder mit all ihrem Zauber kennst und auch liebst, so kennst und liebst du hoffentlich auch deine Heimatkirche, mit der dich doch so vieles verbindet ... Kennst du noch nicht den Weihnachts-Heiligabend unsrer Kirche, dann versäume nicht, in diesem Jahre ihn wahrzunehmen. Setz dich mitten unter die Kinder und die unzähligen flackernden Kerzen auf Weihnachtsbäumen, auf Leuchtern, in Kinderhänden und die Adventslaternen, und du wirst glücklich mit ihnen sein. Blicke hinein in die Kinderaugen, aus denen, verklärt von Freude und Glück, so viel Lichtlein entgegenleuchten. Oder du schaust von einer der Emporen hinab in das Lichtermeer, in den Schimmer lebendigen und wärmenden Kerzenlichts, dann wirst du gewiß auch mit mir und manch anderem einstimmen: ja unsre Lichterkirche, wie schön ist sie doch! Ein Gefühl des Geborgenseins wird dich umfassen und dich glücklich machen auch über diese Stunden hinaus ... ist hier nicht gerade ganz besonders das lebendige, wärmende Licht eine direkte Notwendigkeit, daß hier als Sinnbild des Lebens, als Sinnbild des lebendigen Gottes in die von Trauer und Trübsal umfangene Seele hineinleuchtet? Man mag versuchen wollen, die Dinge als nebensächlich zu bezeichnen oder als altmodisch abzutun; es wäre nicht richtig ..."[5]

Besondere gestalterische Aufgaben übernimmt Max Schanz 1929 beim 150jährigen Kirchweihjubiläum, als er als Festsymbol eine in Holz gedrechselte Rose mit der Seiffener Kirche in der Mitte und eine Postkarte entwirft und alle Veranstaltungen aktiv mitbegleitet. Dafür bekommt er eine Bibelausgabe mit Bildern von Rudolf Schäfer geschenkt. Auch für die Friedhofsgestaltung ist Max Schanz verantwortlich. 1929 legt er eine neue Planung vor und plädiert für mehr Bäume auf dem Friedhof.

Im Vorfeld der großen Kirchenrenovierung 1954 bis 1959 macht Max Schanz Vorschläge zur künftigen farblichen Gestaltung der Kirche. Bereits schwer erkrankt, ist es wohl das letzte Blatt, auf dem er seine Vorschläge und Gedanken zur Kirche festgehalten hat: *„Der Grundton soll ein warmer gelblich-grüner sein, die Fensternischen in weiß gehalten, die Emporen grau-blau und altrot abgesetzt werden. In den Emporenfeldern sollen Bibelworte mit Symbolen durch das Kirchenjahr unter dem Leitgedanken, Gott ist die Lieb' kommen. Die Decke soll in einem Braunton beginnen und nach oben immer heller werden."* Auf dem gleichen Blatt ist auch der Entwurf für den Leuchter gezeichnet. Eine kleine Begebenheit aus dieser Zeit erzählt eine ehemalige Sängerin der Kurrende: *„Die Sänger waren mit der äußerst geringen Bezahlung unzufrieden. Sie wandten sich an Max Schanz als Kirchenvorsteher und baten um eine Aufbesserung. Er erklärte den Kindern freundlich, dass nur sehr wenig Geld zur Verfügung stehe, er sich jedoch dafür einsetzen wolle. Und sie hatten Erfolg."* [6]

Aus dem Jahre 1952, nur wenige Monate vor seinem Tod, wird uns berichtet, dass Max Schanz über Jahrzehnte umgesetzte Vorschläge für die Christvesper und den Silvestergottesdienst macht: *„1. Die Kirchvorsteher sollen bei diesen großen Gottesdiensten die Aufsicht ausüben. 2. Die Kerzen sind rechtzeitig anzuzünden und regelmäßig neu aufzustecken. 3. Es sollen genügend gedruckte Programme zur Verfügung stehen. 4. Die Weissagung soll gesungen werden."*

Am 27.10.1952 wird das letzte Mal seine Anwesenheit in einer Kirchenvorstandssitzung bezeugt. Auf den Tag genau ein Jahr später, am 27.10.1953, heißt es im Kirchenvorstandsprotokoll: *„Besonders aber gilt unser Dank unserem lieben, viel zu früh verschiedenen Max Schanz, der sich immer in aufopferungsvoller Weise der Kirchgemeinde zur Verfügung gestellt hat."*

Vieles müsste hier noch erwähnt werden, z. B. seine Freundschaft zu dem 1919 bis 1925 in Deutschneudorf tätigem Pfarrer Friedrich Hermann Ostermuth, den er zum Paten seines Sohnes wählte, die vielen Aquarelle von der Seiffener Kirche und der Kirchen in der Nachbarschaft, seine Beratertätigkeit für den Kunstdienst der sächsischen Landeskirche mit den Weihnachtsausstellungen bis nach Schwerin, das zusammen mit Elfriede Jahreiß gestaltete Gedenkblatt für den Bischofsbesuch 1953 in unserer Region. Die Entwürfe zahlreicher neuer Pyramiden, Bergmann und Engel-Paare, die er zusammen mit Seiffener Handwerkern und der kalligraphisch ausgebildeten Lehrerin Elfriede Jahreiß realisierte. Nicht zuletzt die großen strohgedeckten Krippen mit großen Schafherden, deren Figuren er selber schnitzte.

Niemand aber kann die Verbundenheit von Max Schanz mit seiner Kirche wohl besser einschätzen als seine Tochter Ursula, die die folgenden Zeilen schreibt: *„Max Schanz war sein ganzes Leben ein aufrichtiger Christ. Trotz Druck und Vorhaltungen der NS Partei, hielt er an seinem Glauben fest. Er liebte das achteckige, barocke Gotteshaus. Auf wie viel gemalten Bildern, die in Seiffener Häusern hängen, ist es in den verschiedenen Jahreszeiten zu sehen. Er hat an der Innenausstattung mitgewirkt, im Wechsel der*

Erneuerung und im Turnus des Kirchenjahres. Als Kirchenvorstand, wie auch als des Pfarrers Freund, hatte er ein Wort in der Gemeinde. Jedes Jahr zum Weihnachtsfest leuchten seine großen Holzlaternen im Kirchenraum, mit ihm zur Christmette zog eine Gruppe Fachschüler mit ihren selbstgebastelten, bunt bebilderten kleinen Laternen in die vollbesetzte Kirche ein. Es war die Aufforderung zu Gesang und Andacht, ein Zeichen, eine Bestätigung: Jetzt ist die ganze Gemeinde versammelt. Diese Bindung zu seiner Kirchengemeinde hat Max Schanz getragen über die schlimmsten Zeiten hinweg. In wunderbarer Weise haben gläubige Menschen ihm Trost und Hilfe gegeben. Dass sein Grab ganz nahe bei der Kirche liegt, gereicht ihm zur Ehre ..." [7]

Textquellen:

[1] Ähnlich geht es dem Seiffener Lehrer Friedrich Schönfelder, der in einem Schreiben gegenüber Pfarrer Haupt erklärt, dass er auf „Parteiorder" hin aus dem Kirchenvorstand ausscheiden müsse.

[2] Aussage von Holde Schröder, geb. Drechsler, Enkelin von Kirchner Ferdinand Zemmrich

[3] KV-Protokoll vom 27.08.1926

[4] KV-Protokoll vom 15.11.1929

[5] Seiffener Kirchgemeindeblatt, Dezember 1928

[6] Bericht von Holde Schröder, geb. Drechsler

[7] Zahn, Ursula: „Totgeschwiegen – lebendig geblieben", aus Museumbroschüre „Idee, Zeichnung, Produkt", S. 30

1

[1] Die gedrechselte Rose, Symbol des 150. Seiffener Kirchenjubiläums 1929

[2] Aquarell Bergkirche Innenraum um 1950

[3] Kirchenleuchter in Anlehnung an die Fachschulspinne, hergestellt 1960/61 von Albin Neuber und Linus Zemmerich

[4] Tuschezeichnung für Einladungen und Kirchenblätter

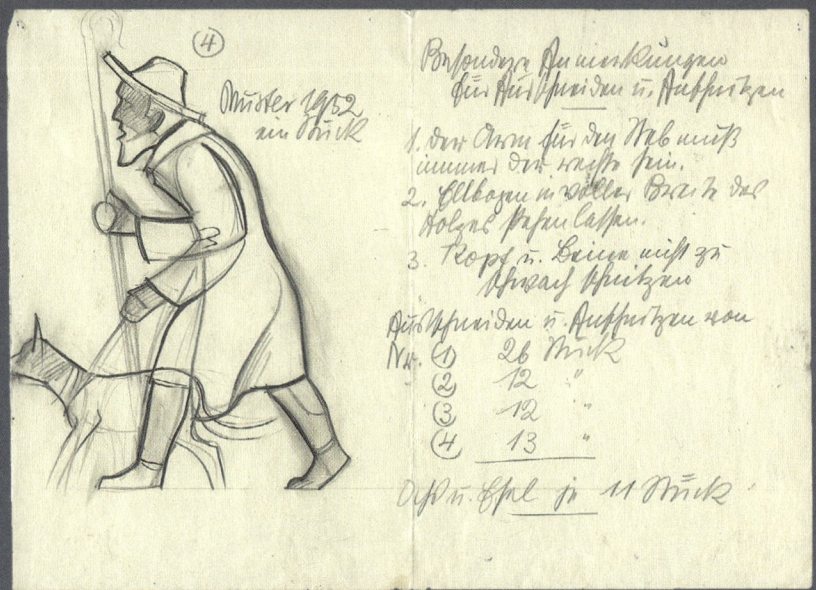

1

„Und sie kamen eilends und fanden sowohl Maria als Joseph, und das Kind in der Krippe liegend"

Um 1951 entstand die große *Hirtenkrippe*. Dieser bäuerliche Stall zeigt die Geburt bei armen Leuten. Keine prächtigen Könige mit Gold und Silber, sondern Hirten mit ihren Schafen. Auch in der Bibel waren die Hirten die ersten:

„Sie kamen eilends" so stellt sich die Szene dar, die Hirten und Schafe im Laufschritt. Ein kleiner Junge kniet schon vor dem Christkind an der Futterkrippe. Ochs und Esel, Maria und Joseph stehen staunend vor dem kleinen Wunder.

Der große Stall ist mit Stroh gedeckt. Geschlossen dient er gleichzeitig als Behälter für die in Seidenpapier gewickelten Figuren und Tiere. Zwei schlanke, hohe Palmen mit großen Laubspänen und ein goldener Kometenstern runden die Gruppe ab.

Hirtenkrippe

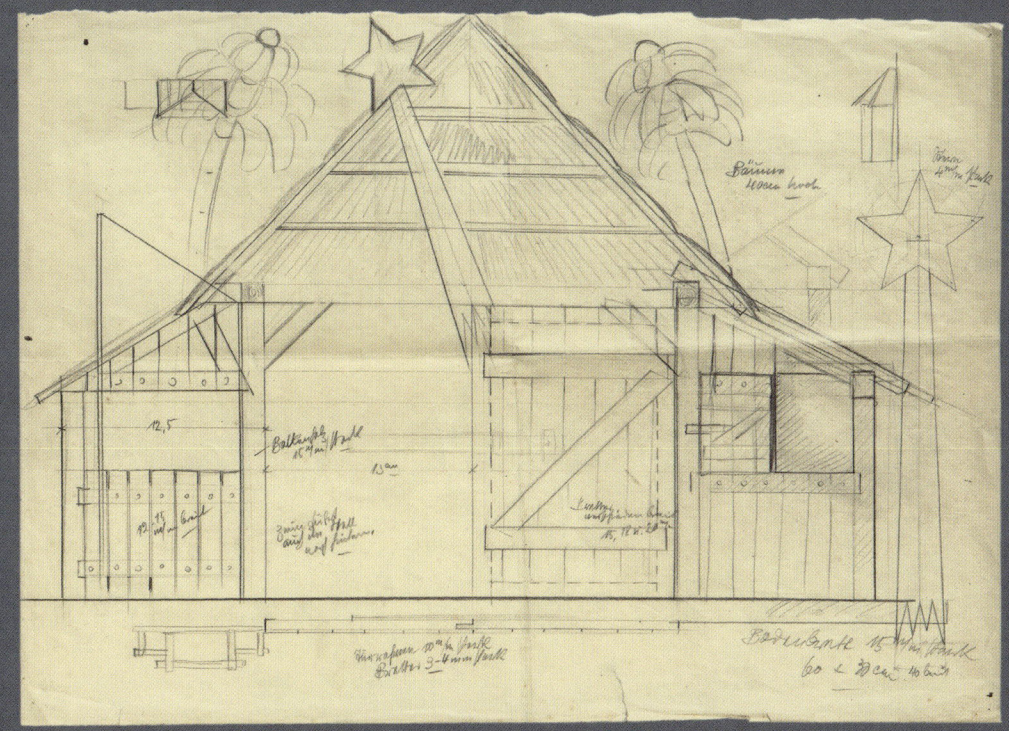

Max Schanz baute die Hirtenkrippe für seine Familie, aber auch für Kirchenausstellungen und in kleinen Stückzahlen zum Verkauf. Er schnitzte die 15 cm großen Figuren und Tiere selbst. Durch kantige Schnitte erreichte er eine große plastische Wirkung, vor allem bei Kerzenlicht. Er bemalte sie mit lasierenden, gedämpften Farben, überall schimmert der goldene Holzton durch.

Es wurden nur wenige dieser Krippen hergestellt.

„So gibt es auch für die serienweise Herstellung des erzgebirgischen Spielzeugs noch Anknüpfungspunkte zur alten heimatlichen Volkskunst, und es sollte in Zukunft mehr darauf gesehen werden, diese Fäden zu halten. In dieser Richtung müssen die Bemühungen zur Hebung der Qualität im Spielzeug laufen, denn nicht an einer noch besseren Herstellung mangelt es, sondern an einer sinnvolleren Gestaltung und geschmackvolleren Form und Farbgebung."

Max Schanz: *Volkskunst in der Erzgebirgischen Holz- und Spielwarenarbeit*, 1941

Findlinge

Dieser dritte Teil des Buches erzählt Geschichten, die im Verlauf seiner Entstehung zum Vorschein kamen. Manche waren grundsätzlich bekannt und wurden vertieft nachrecherchiert. Andere waren uns völlig unbekannt und eine besondere Entdeckung. Sie handeln von Objekten und Schaustücken, die fast verloren gegangen wären und nur durch ihre besondere Wertschätzung wieder auftauchten. Es sind Ereignisse und Begegnungen mit Menschen, die in besonderer Beziehung zu Max Schanz stehen oder standen. Teilweise lernten wir sie erst durch die Arbeit zu diesem Buch kennen. Auch für uns persönlich eine besondere Bereicherung.

Die Einzelanfertigung eines Modells der großen Seiffener Museumspyramide wurde bei einer Münchner Familie gefunden. Eine Schülermappe zeigt die Ganzheitlichkeit des Unterrichts der Fachschule. Das Gästebuch der Familie Schanz ist Zeugnis der freundschaftlichen Beziehungen zu unterschiedlichsten Menschen. Ein Thema beschäftigt sich ausführlich mit dem wechselhaften politischen Umfeld, das so viele Lebenswege im 20. Jahrhundert bestimmte – mit unserer Betrachtung aus heutiger Sicht, anhand amtlicher Dokumente und auch aufgrund der persönlichen Reflexionen unseres Großvaters in den brüchigen Zeiten. Viele Vorkommnisse waren für uns nicht absehbar und überraschend. Sie komplettieren genau das, was wir mit diesem Buch erreichen wollen: Vielfältige Blicke auf sein Leben und Werk aus verschiedenen Perspektiven zu vermitteln. Sie stehen stellvertretend für weitere.

Wir haben die Arbeiten unseres Großvaters stets geschätzt und hoch geachtet. Sie haben uns in unseren eigenen Entwicklungen als Gestalter*in begleitet und wertschätzend beeinflusst. Sie haben uns das genaue Hinsehen, eine positive analytische Betrachtungsweise und auch den Wert ästhetischer Gestaltung gelehrt. Durch die Weitergabe seitens unserer Mutter Ursula Zahn, geb. Schanz, lernten wir Wesentliches über Materialien und deren Behandlung – nicht nur die des Holzes. Das Wesen vieler Dinge hat sich uns erschlossen. Unseren Großvater kannten wir kaum oder nicht persönlich. Durch dieses Buch ist uns seine Persönlichkeit näher gerückt.

Es war der Wunsch unseres Großvaters, dass auf seinem Grab ein unbehauener Findling steht. So ist das nun seit 1953. Woher der Stein stammt, wer ihn aussuchte und gefunden hat und wie er seinen Weg auf den Seiffener Friedhof fand, wäre eine weitere Geschichte wert.

1

Für Max Schanz waren die „echte Volkskunst" und die akademisch geprägte Gestaltung zwei Seiten einer Münze. Zu den Schnitzern Karl und Auguste Müller verband ihn große Achtung und eine lebenslange Freundschaft.

2 Geburtstagskarte von Karl Müller an Max Schanz 1953 im Stuttgarter Krankenhaus

3 Auguste Müller an ihrem Arbeitstisch

4 Postkarte von Auguste Müller zur Geburt der kleinen Ursula

Das Gästebuch im Hause Schanz

Rund ein Dutzend komplett erhaltener Alben zeugen im Nachlass mit ihren Fotografien von den unzähligen Werkstücken der Schule, den Schülern, seinen Lehrerkollegen, den beteiligten Handwerkern, von Treffen und Freizeiten. Dazu kommen Poesie- und Freundschaftsalben, stapelweise Briefe und Formulare – insbesondere den Aufbau des Schulbetriebes und die Auftragsarbeiten betreffend. Es wurde viel geschrieben und sorgfältig dokumentiert in der Zeit. Dies alles macht uns das Leben und Wirken von Max Schanz lebendig und habhaft.

Ein Dokument stand aufgrund seiner Dichte besonders im Fokus unserer Neugierde. Das private Gästebuch der Familie Schanz, geführt von 1922 bis 1957. Es begleitete somit auf seine Weise nicht nur nahezu seinen gesamten Seiffener Lebensabschnitt, es wurde sogar über seinen Tod hinaus von seiner Familie, insbesondere seiner Ehefrau Hanna, geführt. Es zeugt von interessanten Gästen und ergänzt das Bild, das wir vom Leben und Wirken unseres Großvaters haben. Das Gästebuch hat keine Fehlseiten.

Die überwiegende Anzahl der Eintragungen kommen von der Familie, von Freunden, viele Pfarrersleut' sind darunter. In den 20er Jahren waren ehemalige Professoren und einflussreiche Persönlichkeiten aus der Dresdner Kulturbetrieb zu Gast. Menschen, die er sicher auch für seine Ideen und Engagements gewinnen wollte. Sie hatten wichtigen Anteil an der Verbindung zu seiner Heimatstadt Dresden. Ein Name fiel uns besonders auf, der ab 1931 immer wieder im Gästebuch auftaucht: Bernhard und seine Frau Wiltrud Heydenreich. Er, Dipl.Ing., Hauptmann in der Weimarer Republik, später Generaloberst in der Reichswehr, 1960 Dr. phil., unterschrieb stets ohne Titel. Mit dieser Familie verband die Schanzens über Jahre eine lange und freundschaftliche Beziehung. Die Familie Heydenreich erstand bei den Besuchen verschiedene Tischpyramiden, zumindest einen Schwibbogen und auch eines der ersten Striezelmarktpaare (um 1935). Diese Sammlung wurde später durch die Enkel dem Spielzeugmuseum Nürnberg übergeben. Generaloberst Heydenreich war auch der persönliche Adressat für die Frontgaben, die aus Seiffen zu den Soldaten geschickt wurden. Nach 1945 hatte er eine bemerkenswert andere Lebensgeschichte. Er studierte 1953 in Würzburg Geschichte und Kunstgeschichte und promovierte dort 1960. Eine private Kontaktaufnahme von oder zur Familie Schanz ist uns nach 1945 nicht belegt.

Textquelle:
Internet Geni.com,
private Dokumente

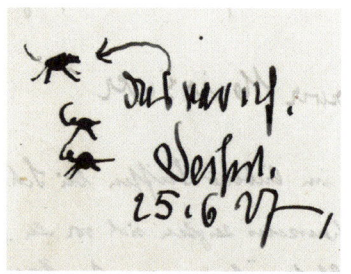

Einträge von Besuchern im Gästebuch:

Die Großmutter, der Großvater
Erster Eintrag 4. April 1922

W. Fischer
Amtsgemeinderat
19. September 1922

Prof. Dr. Hermann Gebhardt und Frau Hanna
(Personendaten unbekannt)
24. – 25. Juni 1922

Prof. H. Grimm
(Personendaten unbekannt)
17. November 1923

Kurt Arnold Findeisen
Sächsischer Schriftsteller, Heimatdichter
24. Dezember 1923
5. Januar 1924
20. Juli 1924
11. Februar 1940

Direktor Felix Petrenz
Leiter Opernschule Dresden
28. Dezember 1924
2. Juni 1925

Friedrich Osthermuth, Marianne und Gudrun
Pfarrer, Patenonkel von Tochter Ursula
6. August 1925

Prof. Karl Simmang, Dresden
Architekt, architektonischer Zeichner
Zeichenlehrer an der Königl. Kunstgewerbeschule DD; ab 1901: Abteilung für Zeichenlehrerausbildung
26. September 1925
19. September ? 1932
Karl Simmangs letzter dokumentierter Besuch 20. August 1951 ! (mit Kindern)

Alwin Seifert
Zeichenlehrer, Gestalter im Spielzeug
Leiter Gewerbefachschule Grünhainichen, Lehrerkollege
25. Juni 1927

Pfarrer Haupt mit weiteren Gästen
Pfarrer in Seiffen
Silvester 1929

Richard Münzer, Leipzig
Vermutl. Schriftsteller, Sachbuchautor
Anfang 1930

Bernhard Heydenreich, Frau Wiltrud Heydenreich geb. von Seydlitz
Dipl. Ingenieur und Hauptmann der Reichswehr
01. Januar 1931 - 13. Juni 1938 wiederholt mit weiteren Gästen

Wiltrud Heydenreich mit Anverwandten
09. Februar 1940

Oswald Hempel „Dresdner Kasperle"
Puppenspieler
15. April 1934

Letzter Eintrag
15. – 22. Mai 1959
Marianne Ostermuth

Um 1945 umfangreiche zeitbezogene Reflexionen von **Alexander Klässig**

Nach 1945 (nahezu) ausschließlich Privatbesucher, Familie, Handwerker, Freunde

Gerhard Zahn
„erstmals als Verlobter"
06. Juni 1948
Danach Eintrag Hochzeitsgäste ohne Datum, am oder vor
16. Oktober 1948

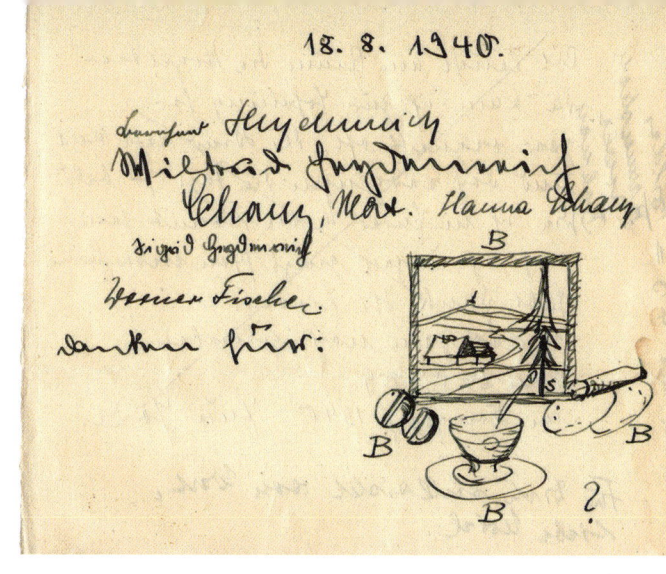

1 2 Gezeichnete Einträge von Alwin Seifert und Max Schanz im privaten Gästebuch.

3 Große und kleine Feste wurden gefeiert im Hause Schanz, hier mit Oskar Seyffert (3. v. l.) um 1940.

Ein Zeichen für das Spielzeug
Mathias Zahn

„Schneeverfüllt liegt Sayda auf der Kuppe. Die Gleise der Kleinbahn enden vor einem verschneiten Prellbock, wie vorgetrieben an eine äußerste Grenze, hinter der es nur noch weiß einsame Fläche und weiße Wälder im Flockenwirbel gibt … Auf dem Kamm, siebenhundertvierzig Meter hoch im Reich der weißen Winde, stehen vier kleine beschneite Häuser an der verwehten Straße. Eines davon ist ein Gasthaus. Diese vier Häuschen und vier andere, die sich seitwärts in einer Falte der weißen Hänge verbergen – das ist Heidelbach … An Heiligabend gingen wir hinunter ins Tal nach Seiffen. Die kleinen Häusel stehen weich und flach im Schnee. Man glaubt, man kann sie am Schornstein anfassen und woanders in das wattige Weiß stellen. Manchmal wächst eine einzelne Fichte hoch über das weiße Dach hinaus. Immer wieder erinnern die Häusle an das Spielzeug, das in diesen Dörfern gedreht und geschnitzt, geleimt und bemalt wird. Ein Reh, ein spitzes grünes Bäumchen, ein weißes Häusle aus den Händen eines Seiffener Spielzeugschnitzers – in drei solchen bunten Sächelchen ist der Reiz der erzgebirgischen Landschaft geheimnisvoll eingefangen – ist Landschaft, Mensch und Werk, die Schlichtheit aller drei in einer einfachen Einheit verbunden." [1]

Max Schanz bildete im Verlauf seines Arbeitslebens in Seiffen ein prägendes visuelles Erscheinungsbild für die Region. Edgar Hahnewald war ein bekannter Reisejournalist, später im Exil Kinderbuchautor. Er schildert in diesem frühen Reisebericht von 1927 / 28 eine Assoziation, mit der er spontan all das verbindet, was er atmosphärisch auf dieser Reise sieht und empfindet: Drei abstrahierte Zeichen, die seine Aufmerksamkeit finden. Schanz formulierte die Gegend um den Schwartenberg mit Neuhausen, Seiffen und Deutschneudorf als kulturelle und touristische Einheit. Er entwickelte das Symbol des springenden Hirsches vor der stilisierten Tanne. Es wurde zu einer Art Megazeichen für die Region und deren Erzeugnisse. Baulich-dekorativ wurde es in der Gewerbeschule und dem Spielwarenmuseum verwendet, im Dorf erschien es als Motiv auf Laternen und Schwibbögen, selbstverständlich auf Broschüren der touristischen Werbung *„Schwartenberggebiet"*. Das Zeichen war der zentrale Blickpunkt für die Spielzeug-Werbeschau 1936. Die Drechslergenossenschaft *Dregeno* und das Seiffener Museum nutzen das Symbol bis heute.

Seit fast hundert Jahren symbolisiert der springende Hirsch nunmehr das Spielzeugland um den Schwartenberg.

Textquelle:
1   Hahnewald, Edgar
    Weihnachtsdörfer 1927

166

1

2

Auch bei der Gestaltung des Hirsches unterscheidet sich Max Schanz von Darstellungen üblicher Gangart. Kein brünftiger, kraftstrotzender Gebieter des Waldes, auch keine erlegte Trophäe seiner Jäger. Sein Geweih wurde nicht an die Wand genagelt, der ganze Kerl ziert vielmehr schmückend Fassaden, Gebäude-Innenausbauten und natürlich allenthalben das Seiffener Spielzeug. Die Hirsche sind elegant und athletisch, manchmal auch an die Zartheit eines Rehes erinnernd.

Mit seiner Sprungkraft symbolisiert er geradezu den aufstrebenden Willen der Spielzeugregion in der Zeit.

3

4

5

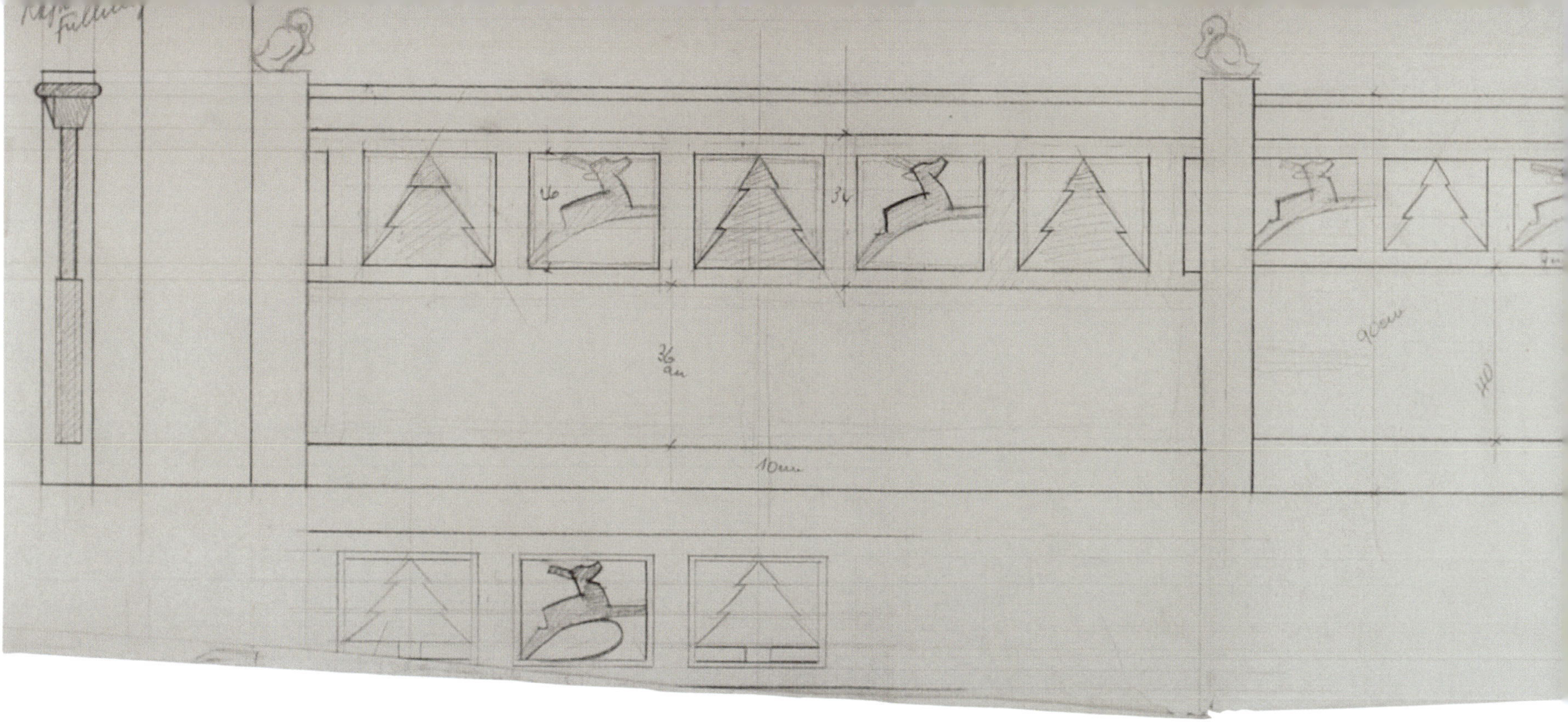

Hommage an Max Schanz und das Erzgebirge
Peter Rößler, München 2018

Es waren schlimme Zeiten. Von diesen schotteten meine Eltern ihr einziges Kind ab – bis zu meinem siebten Lebensjahr. Radio wurde kaum gehört – jedenfalls nicht vor mir. Kino und Kindergarten blieben mir unbekannt. Wir lebten ein wenig entfernt von der kleinen Stadt Sayda nahe am Wald. Dieser war für mich und zwei Nachbarskinder der große Spielplatz. Ihre Eltern und sie waren die einzigen wichtigen Bezugspersonen in meinem Alltag neben Mutter und Vater und Max Schanz aus dem nahen Seiffen. Erst danach in einer anderen Stadt fiel über mich die raue Wirklichkeit her – mit Schule, Jungvolk, Krieg und Zusammenbruch.

Mein Vater kümmerte sich damals als Leiter eines Zweigamtes des Landrats in Freyberg mit großer Hingabe um die Seiffener Volkskunst und die Entwicklung des Kunstgewerbes. Er sorgte dafür, dass Max Schanz die Leitung von Fachschule und Museum bekam und war an deren Planung und Aufbau beteiligt. Meine Eltern waren künstlerisch völlig unbegabt, aber sehr interessiert. Bald füllte sich unsere Wohnung mit Schwibbögen, Spinnen, Krippen, kleinen Pyramiden, Engeln und Bergleuten vor allem aus Seiffen, viele nach schanz´schen Entwürfen. Er und meine Eltern freundeten sich an. Für mich wurde er Vorbild und Mentor. Auch wenn ich keine Gegebenheiten aus seinem Leben mehr weiß: Sein schlenkernder Gang – er hatte ein Holzbein – seine Freundlichkeit und pädagogische Zuwendung sind mir in bester Erinnerung. Ich interessierte mich sehr für seine Arbeit. In Seiffen durfte ich die Werkstätten besuchen und den Schnitzern und Drechslern zusehen. Er regte mich an, zu zeichnen, malen und zu modellieren. Weihnachten, glaube ich, mich dunkel erinnern zu können, war ich auch einmal beim Laternengang zum Kirchlein dabei und trug selbst eine Leuchte. Mit eingedrückten Scheiben steht sie noch heute in unserem Keller.

Das Seiffener Kirchlein erscheint mir wie ein Prototyp all der Dinge, die um sie ringsherum entstanden. Zentriert, wie gedrechselt, in sich ruhend, Geborgenheit und Wärme ausstrahlend, in Nacht, Schnee und Kälte.

Ich glaube, dass die größte Leistung von Max Schanz war, dass es ihm gelang, Seiffener Volkskunst, die damals in einigen Werkstätten noch auf gutem Niveau war und sogar auf höchstem bei Müller Karl und Müller Auguste, in serielle Produktion überzuführen. Er schaffte das Kunststück, Wesentliches ihrer Eigenart zu bewahren. Sie strahlen noch wie das Seiffener Kirchlein, sind frisch, niemals psychologisierend und auch nicht dumpf und doof, nicht sentimental und haben auch immer ein Quäntchen Humor. Sie sind monumental, seine berühmten Kurrendesänger und Striezelmarktkinder zeigen das – auch wenn sie klein sind. Der Verlust an individuellem Ausdruck, von Nuancierung und Variation, ist notwendige Folge der Massenanfertigung. Seine strengen und unnahbaren Engel und Bergmänner haben mir als Kind Angst gemacht. Ein wenig von dem Ungeist der Epoche, aber auch ein Hauch von Oskar Schlemmer lebt in ihnen. Problematisch! Aber die Zeit befiehlt´s, wir sind ihr untertan.

Als Kind lernte ich so das Sehen, zu unterscheiden und auch dabei ein eigenes Werturteil zu entwickeln. So ist es auch kein Zufall, dass ich versuchte, gegen jede Familientradition ein Künstler zu werden. Max Schanz stand Pate und regte an. Wie er wurde ich dann Kunsterzieher, arbeitete zeitweise im Museum und sammelte ein wenig. Dinge abseits der großen Kunst – „Volkskunst", die von der Wissenschaft oft nicht beachtet wird. So begleiten mich bis heute Max Schanz und seine Lehren und mein erzgebirgischer Kindheitstraum. Einmal half mir das sogar ganz konkret: Ich bat als Student im Bayerischen Nationalmuseum den dort für Volkskunst zuständigen Kurator, für eine Facharbeit im Depot bayerische Votivtafeln ansehen zu dürfen. Er wies mich unwirsch ab. Da diese Arbeit für mich und meine weitere Laufbahn sehr wichtig war, verließ ich sehr geknickt sein Büro. Dabei fiel plötzlich ein Stück Holz vom nahe stehenden Regal, obwohl ich dieses nicht streifte. Es war die Figur eines Engels aus Seiffen vom Müller Karl. Ich hob sie auf, zeigte ihre Unverletztheit und erklärte dem verdutzten Museumsmann, wo sie herkam und wer sie gemacht hat. Er war sprachlos, denn erst kurz zuvor hatte er Seiffen überhaupt kennengelernt und den Künstler auch dort getroffen. Seitdem hatte ich einen Freund und Helfer im Museum, der mir jeden Wunsch erfüllte.

Beim Verlassen von Sachsen gingen die meisten Wertgegenstände meines Elternhauses verloren, zerbrachen oder wurden gegen Essbares eingetauscht. Aber von den „Seiffener Sachen" fehlt noch heute kein einziges Stück. Weihnachten steht dann auch meist das Double der Pyramide der alten Werbeschau (heute Spielzeugmuseum Seiffen) in unserem Wohnzimmer. Im Original ist sie 6,30 Meter hoch, bei uns nur circa 1 Meter. Sie ist entweder das Entwurfsmodell von einst oder eine verkleinerte Kopie, die Schanz zum Abschied von Seiffen für meinen Vater anfertigen ließ. Sie ist wacklig, zerbrechlich und mag sich nicht mehr drehen. Wie konnte dieses fragile, nur zusammengesteckte Bauwerk die vielen Umzüge überstehen? Eines der vielen Wunder für mich. In ihr ist der Geist von Max Schanz besonders lebendig, dem ich für Vieles unendlich dankbar bin.

1

2

3

Die Seiffener Museumspyramide in München als Modell – ein ganz besonderes Fundstück, das in keiner Unterlage erwähnt ist. Ein fragiles Schmuckstück, fast wie ein Spielzeugbaum. Auf der ca. 1 m hohen Pyramide stehen dieselben Objekte im Kleinformat, wie auf dem 6,30 m großen Original [S.171] im Seiffener Museum. Zwischen gedrechselten Spanbäumchen drehen sich bunte Flachfiguren auf sechs Etagen, sogar ein Auto und ein cooles Motorradfahrerpärchen.

Das Seiffener Pyramidenmodell in München

4

5

6

Hans Reichelt und die Chemnitzer Fasnachtsabzeichen
Sabine Rommel

Hans Reichelt wurde 1922 in Seiffen geboren. 1936 bis 1939 war er Fachschüler an der Spielwarenschule in Seiffen unter Max Schanz. 1940 bis 1942 studierte er an der Akademie für Kunstgewerbe in Dresden. Nach dem Kriegsdienst arbeitete er von 1946 bis 1952 als Praktikant und Lehrer an der Spielwarenschule Seiffen, später war er als künstlerische Fachkraft im Spielzeugmuseum tätig. Ab Anfang der 80er Jahre zeichnete er die Illustrationen für das Buch „Holzspielzeug im Erzgebirge" von Manfred Bachmann. Es erschien 1984, alle Zeichnungen stammen von Hans Reichelt. Während dieser Entwurfsphase hatte er immer wieder regen Briefkontakt mit Ursula Zahn. 1989 schickte er ihr einen Zeitungsausschnitt über die Anstecker der erzgebirgischen Fasnacht in Chemnitz 1936. Darin zitierte er aus dem „Erzgebirgischen Generalanzeiger" – die Entwürfe wurden als „gelungenes Werk einer humorvollen Künstlerschaft bezeichnet, die jedoch das Wesen der erzgebirgischen Spielzeugs keineswegs verleugnet". Von diesen Chemnitzer Abzeichen wurden in Handarbeit die unglaubliche Menge von 90.000 Stück hergestellt. Schneider Böck, Max u Moritz, Hans Huckebein, Maler Klexel, Witwe Bolte, die fromme Helene, der Bienenvater und der heilige Antonius gehörten zu dieser Serie „Willhelm-Busch-Gestalten".

Immer wieder schrieb er über die Zeit und den Unterricht bei Max Schanz. Und oft endeten die Briefe mit dem Satz „So schön wird es nie wieder". Hans Reichelt starb 2003.

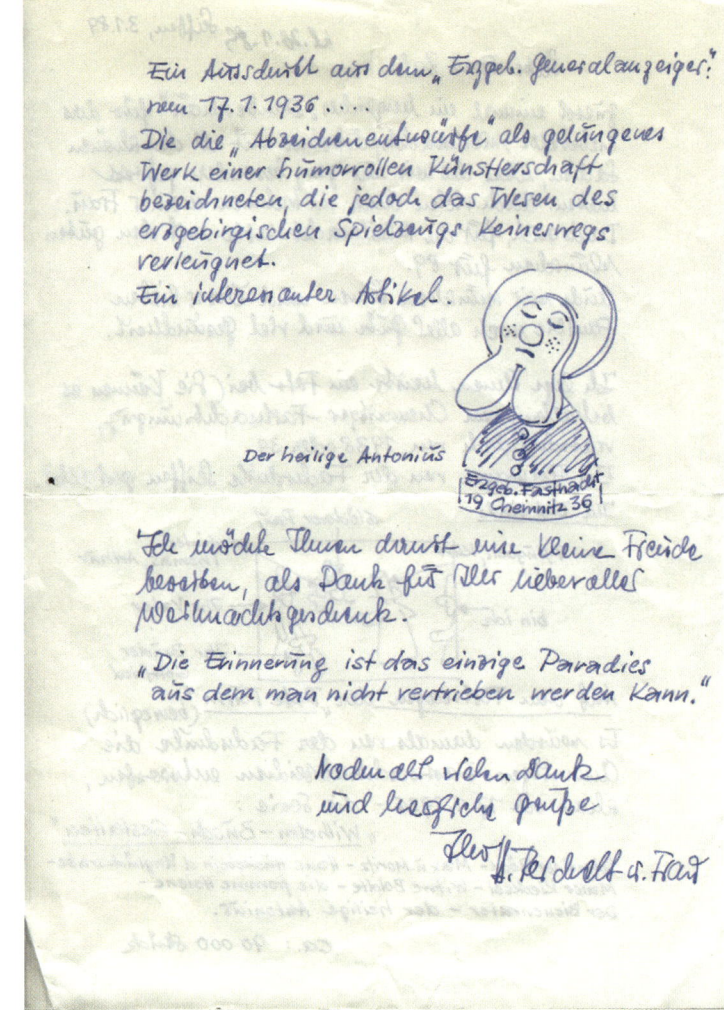

1 3
Ausschnitt eines Briefes von Hans Reichelt 1998 an Ursula Zahn. Beigelegt ein Zeitungsausschnitt zu den WHW Fasnachtsabzeichen „Wilhelm Busch" für Chemnitz 1936.

2

3

Seiffener Weihnachtsgaben für die Front
Spielzeugpyramiden und Lichttransparente als Gruß aus der Heimat, Max Schanz 1943

Wie zu den vergangenen Kriegsweihnachten konnte auch in diesem Jahr Seiffen seinen Söhnen an der Front einen netten Weihnachtsgruß in Form eines heimatlich-bodenständigen Erzeugnisses schicken. Waren es im Vorjahr hunderte von Bergleuten, Räuchermännchen und neuartige Spielzeugschwibbogen, so sind es in diesem Jahr an die tausend kleine zusammen stellbare Pyramiden, die nach dem Osten, Westen, Süden und bis zum hohen Norden hinauf, die Reise angetreten haben.

Es sind vier Pyramiden mit folgenden Motiven: Die erste zeigt ein Erzgebirgshaus mit einer Fichte davor, um das durch die Wärme der Kerzen getrieben, Hirsch und Rehlein munter springen. Die zweite weist eine Berghalde mit einem alten Hut und Förderhaus auf um die ein Bimmelbähnel dampft und Pferdeschlitten eilen. Auf der dritten Pyramide kreisen zwischen bunt profilierten Säulchen auf der Scheibe feierlich Bergleute und Engel. Und die letzte zeigt auf einem Bergkegel das verschneite Dörfchen Seiffen selbst mit seinem reizvollen Kirchlein. Um dieses typische Dorfbild laufen Post- Kasten- und Rennschlitten im flotten Tempo als hätten sie es gar eilig, alle die Heimatkinder zur Weihnacht nach Hause zu bringen. Etwa 2000 dieser Pyramiden, fein verpackt im besonderen Karton und mit einem eigens gezeichneten, netten Gruß von Ortsgruppe, Gemeinde und Fachschule, wurden in eifrigster Arbeit und durch zahlreiche zusätzliche Stunden nach Feierabend von Lehrern, Schülern und Schülerinnen der Fachschule und vor allem von der an ihr bestehenden Lehrwerkstatt erstellt. Es wurde mit viel Eifer gearbeitet, da die noch im Vorjahr mögliche Mithilfe von Seiten einzelner Spielzeughersteller ausfallen und die Schule so die Fertigstellung bei einer noch dazu weit erhöhten Zahl allein bewerkstelligen musste. Daneben entstanden noch an die tausend Transparente, die im Mittelteil vor nächtlichem Himmel den Umriss eines Erzgebirgshauses und darin die Stube eines erzgebirgischen Spielzeugmachers zeigten. Von der Seite her kommen hinter hohen Fichten Hirsche, Rehe und Hasen zaghaft zum erleuchteten Erzgebirgshaus gezogen. Ans Fenster gestellt oder durch Aufstellen einer Kerze hinter dem Transparent leuchtet die traute Erzgebirgsstube mit allem Liebenswerten unseres Gebirges in goldenem Licht.

Diese rund 3000 Front-Weihnachtsgaben gingen an die Soldaten des Ortes, an Lazarette für Schwerverwundete und darüber hinaus noch im Auftrage des Heimatwerkes Sachsen, des Sächsischen Heimatschutzes und manch anderer Partei und Behördenstellen, an Erzgebirgler und Söhne unseres Sachsenlandes, die irgendwie in Beziehung zu unserem Erzgebirge stehen. Sie werden da draußen, wo sie sich mit Kameraden anderer Gaue um ihre Lichtel setzen und das geheimnisvolle der Lichter schauen, Freude auslösen und bei den Soldaten wiederum Erinnerungen an die Heimat und das selige Kinderweihnachten im Gebirge wecken. Ein Stück der Heimat selbst, entstanden aus ihrer lieb gewordenen Arbeit, wird ihnen Kraft und Stärke geben für die Heimat weiter, wie bisher alles einzusetzen und zu kämpfen, um sie zu schützen und zu erhalten für die Zukunft.

Gemeinsame Frontgaben der Gemeinde Seiffen und der Ortsgruppe der NSDAP, hergestellt in der Fachschule. Als Empfänger wurde u.a. Generaloberst Heydenreich benannt. Wie auch in der DDR-Zeit wurde immer wieder von politischer Seite versucht, ihre Bestückung mit der Geburt Christi zu unterbinden.

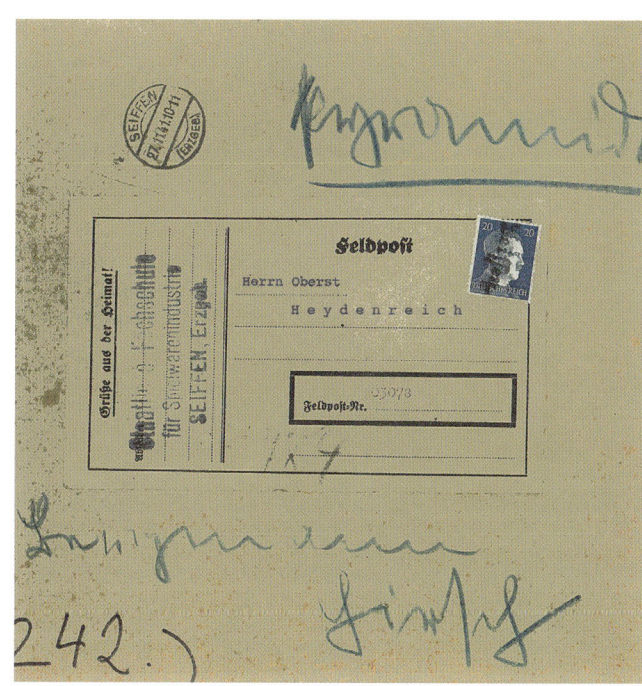

1

2

3

4

Von den beschriebenen Pyramiden wurden vier durch einen Enkel von Bernhard Heydenreich dem Spielzeugmuseum Nürnberg überlassen. Zusammen mit einem frühen Paar Striezelmarktkinder und einem Schwibbogen mit Gebirgshaus unterm Sternenhimmel. Neue Aufnahmen der Originalstücke.

Max Schanz – Schaffen ist Glück, schöpferisch sein ein göttliches Geschenk
Ansprache in Seiffen zum 100. Geburtstag von Max Schanz
Christoph Grauwiller, Liestal-Schweiz 1995

Als vor hundert Jahren Max Schanz das Licht der Welt erblickte, war dieses noch keine Glühbirne. In den folgenden 100 Jahren hat sich eine gewaltige Entwicklung in allen wissenschaftlichen Gebieten vollzogen und die Menschheit hat gelernt, wie man mit einer einzigen Bombe Tausende von Menschen ausradieren kann. Menschlich sind wir nicht viel weitergekommen. Max Schanz hat diese Epoche durchlebt.

In dieser Feierstunde im Gedenken an Max Schanz wurde mir die Ehre zuteil, eine Laudatio zu halten. Laut Lexikon ist dies eine Festrede, in der die Vorzüge und Leistungen einer Person lobend hervorzuheben seien. Ich werde mich hüten dies zu tun, denn ich achte Max Schanz als einen Menschen, der neben seinen positiven, lobenswerten Seiten auch seine negativen, tadelnswerten Seiten hatte. Das ist ja leider so, dass wir eben beide Seiten in uns tragen uns aber mit aller Energie dafür einsetzten, die Vorteile herauszustreichen und die Nachteile zu verdrängen.

Wer war Max Schanz? Von welchem Max Schanz soll ich berichten? Vom Fachschullehrer? Vom Künstler? Vom Organisator? Vom Grafiker und Entwerfer? Vom Temperamentvollen? Vom Verletzlichen? Vom Redegewandten? Vom Parteibuchbesitzer? Vom Kontaktfreudigen?

Max Schanz hat nach dem ersten Weltkrieg, den er schwer verwundet mit dem eisernen Kreuz erster Klasse überlebt hatte, am 1. August 1919 an der *staatlichen Akademie für Kunstgewerbe* die *Staatsprüfung für Zeichnen und angewandte Kunst* abgelegt. 1920 wurde er als Gewerbe- und Zeichenlehrer an der *Staatlichen Spielwaren- und Gewerbeschule* angestellt. Am 1. Juli 1935 wurde er zum Direktor der Schule ernannt. Von 1947 – 1953 lebte Max Schanz als freischaffender Künstler.

Wer war Max Schanz? Ich möchte mit Ihnen nach dem Menschen suchen, der hinter diesem Namen steckt. Dass Max Schanz zur Zeit des Nationalsozialismus als Staatsangestellter Mitglied in der NSDAP war, sollte hier niemand verschweigen. Das forderte seine Funktion. Es ist mir aber wichtig, von einer eigenen Erfahrung zu berichten. In meinen Geschichtsstunden habe ich meinen Schülern von Inge Scholl und dem Widerstand im Dritten Reich erzählt. Ich habe ihnen von den vielen schweigenden Mitläufern erzählt, die zu feige waren, das Unrecht, das sie selber sehr wohl erkannten, anzuprangern und zu bekämpfen. Der Nationalsozialismus war nur möglich in einem Land von Feiglingen. So meine damalige Überzeugung.

Und dann kam die Wende im Leben des Geschichtslehrers. Ich fuhr nach Seiffen. *„zu diesen Deutschen"*, wie meine Mutter mit einem Unterton von Unverständnis sagte. Als freier Schweizer fuhr ich hin in die DDR, zu den Kommunisten. Ich traf auf Menschen, die mir sympathisch und bis heute zu guten Freunden wurden. Ich habe damals sehr viel gesehen. Unannehmbare Verhältnisse. Stoff für mehrere

Zeitungsartikel kam da zusammen und plötzlich stellte ich fest: wenn ich jetzt was sage, was schreibe, dann werden meine Freunde zur Rechenschaft gezogen, sie bekommen Probleme, ich bekomme kein Visum mehr, das Telephon wird abgehört, die Briefe gelesen, ein Informant auf mich angesetzt – nicht abzusehen, was da alles noch ausgedacht werden könnte". Also sagte ich nichts und wurde zum Feigling. So einfach war das!

Meine Geschichtsstunde wurde fortan etwas anders. Ich bekam Verständnis für Leute die schwiegen. Die unmenschlichen, totalitären Systeme begannen mich zu interessieren. Die Frage tauchte auf, wie muss Geschichte unterrichtet werden? Kann ich als Schweizer das Leben in der DDR, im Nationalsozialismus beurteilen? Muss man da nicht mittendrin stehen, um überhaupt begreifen zu können? Können ungebrannte Kinder übers Feuer berichten? Können wir aus der Sicht von 1995 über die Situation von 1935 urteilen?

Ich begann mich in die Geschichte einzufühlen. Ich vermied vorschnelle Verurteilungen – stellte aber Fragen und suchte nach Antworten. Wie konnte es so weit kommen? Hätte mir das auch passieren können? Wäre ich da auch mitschuldig geworden?

Meine sehr verehrten Damen und Herren, ein totalitäres System ist ein System, welches Gewalt ausübt und der Bürgerin und dem Bürger bleiben zwei Wege: Anpassung oder Widerstand.

"Der Wert der Tätigkeit des Herrn Gewerbelehrer Max Schanz ist gar nicht hoch genug einzuschätzen" so schrieb Professor Seifert 1926 in ein Arbeitszeugnis. Es gelte nach eingehenden Volkskunststudien auf der traditionellen Grundlage neu zu gestalten und insbesondere eine geschmackliche Beeinflussung auf ein großes Industriegebiet auszuüben: Anpassung oder Widerstand, Beruf ausüben oder Beruf aufgeben? Welche Optik ist da die richtige? Ich bin als Fragender zu ihnen gekommen. Ich frage nach einem Menschen mit Stärken und Schwächen, nach einem Menschen mit Freunden und Feinden, nach einem Menschen mit Glück und Unglück im Leben. Meine sehr verehrten Damen und Herren, ich bin Max Schanz oft in Seiffen begegnet – leider nie persönlich. Einige hier Anwesende kannten und kennen ihn, sie werden mir verzeihen, wenn das Porträt, das ich jetzt zeichnen möchte, nicht in allen Teilen einwandfrei gelingt. Ich stelle mir vor: Max Schanz war ein aktiver und unternehmungslustiger Mensch voller Tatendrang, der Abwechslung und Erfolg suchte. Es war ihm wohl auch ein Bedürfnis, andere für seine Sicht der Dinge zu gewinnen. Seine Tendenz zu übertreiben, sowie sein Hang zum Provozieren glaube ich aus der Tatsache abzulesen, dass er es für unumgänglich hielt, die Felsen in der Binge zusätzlich zu bemalen, damit ein Festspiel seine dramatische Wirkung nicht verfehlte.

Seine Überzeugung den richtigen Weg in seiner Tätigkeit gefunden zu haben mag hier und da so markant gewesen sein, dass er anderen Meinungen gegenüber mit Skepsis reagierte. Kann man sagen, er sei auch ein effizienter Organisator gewesen?! Bleiben wir beim Beispiel der

Felsmalerei. War es vielleicht auch der Reiz, ästhetische Interessen wahrzunehmen. Wollte er damit über dem Alltäglichen stehen und etwas Besonderes leisten?

Max Schanz, der Direktor der Gewerbeschule, war ein starker Individualist, der seine Anhänger brauchte. Was mag der Antrieb gewesen sein? War es die Suche nach Macht oder das Bestreben, eine außergewöhnliche Mission zu erfüllen? Es war wohl auch die Aufgabe, sich mit Neuentwicklungen zu beschäftigen und die dynamische Entwicklung seines Aufgabenbereichs musste er als befriedigend empfunden haben. Das Ganze musste schließlich einen Sinn haben. Nicht das Studium der nüchternen Fakten, der tägliche Umgang mit den anderen Menschen hat sich für Max Schanz als lehrreich erwiesen.

Die sprudelnde Vielfalt seiner Ideen bewahrte ihn wohl auch im Denken, ein sturer Mensch zu sein, wenngleich auch seine konsequente Haltung gerade diesen Anschein erwecken könnte. Seine Suche nach der absoluten Wahrheit spiegelt sich meines Erachtens in der Suche nach dem Geheimnis des „erzgebirgischen" im Spielzeug und in der Volkskunst wieder. Sein Suchen mit dem Bleistift war ein Ergründen des Wesens, er versuchte das Wesentliche erzgebirgischer Volkskunst zu fassen. Seine Vereinfachungen zielten darauf ab, mit wenigen Strichen alles auszudrücken. Komplizierte Darstellungen wurden auf anschauliche und greifbare Symbole oder Bilder zurückgeführt. Sein ausgeprägter Sinn für Schönheit und Harmonie kommen in seinen Aquarellen zum Ausdruck.

Ich habe künstlerische Menschen, immer auch als sehr einfühlsam und sensibel wahrgenommen. Ich kann mir nicht vorstellen, dass Max Schanz hätte eine Ausnahme bilden sollen. Mit Einfühlungsvermögen war es ihm ein Anliegen, das Individuelle im Menschen zu fördern. Die Auswirkungen einer solchen Förderung kamen erst später zum Ausdruck. Mir fallen in Seiffen Handwerker mit eigener Handschrift auf. Diskussionen um Ästhetik werden ernsthaft geführt, da das Produkt nicht „nur" ein Spielzeug, sondern auch ein Stück „persönliche Handschrift" des Herstellers darstellt.

Max Schanz hatte meines Erachtens eine starke Überzeugung zum Wert und der Richtigkeit seines Schaffens. Er hat seiner Umwelt seinen Stempel aufgedrückt. Damit stand er mit seiner ganzen Person im Rampenlicht. Imagination ist alles! Dies mag auch für Max Schanz den Visionär gegolten haben. Befriedigend muss es für ihn gewesen sein, seine Visionen Realität werden zu lassen. Dazu diente ihm die Gabe, andere für seine Überzeugungen zu gewinnen und ein Stück mitzureißen.

Wer im Rampenlicht steht, für eigene Überzeugungen kämpft und etwas erreicht, hat die besten Voraussetzungen, die Gegner auf den Plan zu rufen. Nach 1945 sah sich Max Schanz veranlasst um seine Reputation zu kämpfen. Trotz positiver Einschätzungen seines Wirkens wurde er nicht weiterhin in seinem Amt bestätigt.

Das kommt einer Abwertung gleich. Er war seines Einflusses enthoben. Er erfuhr keine Würdigung seines Wirkens. Er war nicht mehr gefragt und hatte nichts mehr zu sagen.

Es waren aber nicht die Seiffener Handwerkern, die sich von ihm abgewandt hätten. War es dieses Defizit an Zuwendung, diese psychische Überforderung, die ihm auch physisch seiner Stimme beraubte und seine schwere Krankheit auslöste?

Ein Stein wurde ins Wasser geworfen. Ich sehe Wellen. Kleine Wellen weisen auf einen kleinen Stein, große Wellen auf einen großen Stein. Ich habe es gewagt von den Wellen, die Max Schanz ausgelöst hat, auf seine Person zu schließen. Ein schwieriges Unterfangen. Fragen dürfen auch offen bleiben. Gerne hätte ich aufgezählt, wo wir noch heute das Wirken des ehemaligen Fachschuldirektors wahrnehmen können, doch da sehen sie besser in die Vitrinen des Seiffener Museums. Sei es die Weihnachtspyramide von Elfriede Jahreiß, die Striezelkinder von Max Auerbach oder der Prototyp einer Wackelpuppe – die Wellen schlagen ans Ufer! Ist sein Wirken heute noch spürbar? Ich meine es. Wenn dem aber so ist, so müssen wir dankbar sein, dass hier Handwerker zu ihrem persönlichen Stil gefunden haben, die mit ihren Produkten erfolgreich am Markt bestehen können.

Eine Frage muss uns aber beschäftigen: Was wäre, wenn Max Schanz heute noch leben würde? Ein Pestalozzi hat in seiner Zeit gewirkt. Was er damals sagte und machte war richtungsweisend. Heute würde sein Wirken kaum mehr Beachtung finden. Was will ich damit sagen? Man muss den Menschen in seiner Zeit wahrnehmen. Als Max Schanz lebte und wirkte war das, was er damals tat, richtig. Man kann sein damaliges Wirken nicht in eine veränderte Gegenwart übertragen. Man darf aber fragen, was würde er heute tun? Welche Entwürfe würde er uns heute präsentieren? Ganz moderne oder eher nostalgisch anmutende Neugestaltungen? Eine Kamelkarawane mit Palmen und Oasenhäuschen? Pinguinfamilien auf Eisschollen mit Iglus? Oder etwa eine ganz im alten Stil entwickelte Arche mit Knochenleimtieren? Einen Baukasten mit verschiedensten Einzelelementen, zum Zusammenstecken von Dinosauriern?

Ich weiß nur eines, seine Entwürfe würden auch heute drei Kriterien erfüllen müssen: 1. Sie müssten dem Zeitgeist entsprechen. 2. Sie müssten von hohem ästhetischem Wert sein. 3. Sie müssten wirtschaftlich produziert werden können.

Dieses Erbe gilt es in der neuen Fachschule gut anzulegen.

Außenbetrachtungen
Mathias Zahn

Hölzerne Pyramiden – die schon in den weihnachtlichen Stuben beim Öffnen der Zimmertüre und durch undichte Fenster flackernd stehen bleiben – und anderes „War'zeuch" fein verpackt in die brennenden, tosenden Schützengräben zu liefern, hat aus unserer Betrachtungsperspektive geradezu etwas Skurriles und ist nicht verstehbar. Schwerst verletzt hatte unser Großvater den 1. Weltkrieg überlebt und das Grauen unmittelbar erfahren müssen. Er kam als junger Lehrer in die Weimarer Republik, die wie keine Zeit zuvor alle Lebensbereiche demokratisierte und ihm die Möglichkeiten bot, die er für seine hoch motivierte Arbeit und sein nachhaltiges Wirken benötigte und nutzte. Auch aufgrund der intensiven Recherchen und Beschäftigungen mit den vielen Aspekten seines Lebens hat es sich uns nicht erschlossen, welche Haltung unser Großvater persönlich und ethisch zum Nationalsozialismus hatte. Kaum irgendwo in seinen Lebensgeschichten und in seiner klassisch-modernen Gestaltungshaltung hat er sich in der Zeit der Nationalsozialisten opportunistisch gezeigt. Bei ihm kam wohl eine besondere Melange zusammen. Seine konservative, werteorientierte Grundhaltung war gepaart mit unverbrüchlichen, christlichen Glaubensgrundlagen. Dazu seine Intention, den Menschen in Seiffen Arbeit zu beschaffen und eine eigenartig ausschließende Wahrnehmung anderer Realitäten.

Es gibt zwei große Aquarelle aus seiner Hand, die die Innenansicht der Seiffener Bergkirche in gleicher Blickrichtung zeigen. Ein Bild mit, eines ohne Ehrenkränze für die Kriegsgefallenen. Seine Tochter erzählte, er ließ bei der Neugestaltung des Innenraums diese Kränze abhängen, weil sie ihn zu sehr bedrückten und an seine eigenen Kriegserlebnisse erinnerten. In dieser Weise erklärt sich wohl auch, dass in all seinen Bildern eine ewig scheinende Ruhe und großer Frieden über dem Land – „seinem Gebirge" – liegt.

Max Schanz wurde am 9. Mai 1946 durch den untersuchenden staatlichen Sonderausschuss entlastet. *„Der Ausschuss hat gegen Ihre Wiedereinsetzung im öffentlichen Dienst keine Bedenken."* Es besteht eine Briefnotiz von 1948, in der er über ein anstehendes Gespräch mit dem russischen Kommandanten berichtet, der sich für seine Wiedereinstellung im Schuldienst verwenden wolle. Bis 1952 gab es in der frühen Kulturverwaltung der DDR (u. a. durch Manfred Bachmann) zahlreiche Bestrebungen, die „echten Volkskünstler" zu rehabilitieren und im sozialistischen Kulturbetrieb zu integrieren. Die Freiberger Kulturbund-Kreisleitung plante, die Volkskünstler und Schnitzer des östlichen Erzgebirges unter der Leitung von Max Schanz zusammenzufassen. Dieser Plan wurde in den wechselhaften Zeitumständen nicht mehr umgesetzt.

Textquelle:
Schaarschmidt, Thomas:
Regionalkultur und Diktatur, S. 373

1 Das verschneite Seiffen,
  Blick aus einem talseitigen Fenster
  der Wohnung im Feldweg 5,
  Aquarell nach 1948

2 Trotz Rehabilitierung erfolgte keine
  Wiedereinstellung an der Spielwarenfachschule. Das Malen war ab
  1945 keine Freizeitbeschäftigung
  mehr. Die Aquarelle dienten der
  Familie Schanz oft als Tausch für
  Lebensmittel und Waren.

Landesverein Sächsischer Heimatschutz
Sabine Rommel

1908 gründeten der Volkskundler und Professor für dekoratives Zeichnen an der „Königlich Sächsischen Kunstgewerbeschule" Oskar Seyffert gemeinsam mit Oberbaurat Karl Schmidt in Dresden den *„Landesverein Sächsischer Heimatschutz"*. Der Heimatschutz engagierte sich vor allem für den Aufbau von Naturschutzgebieten, die Pflege von Kulturdenkmälern und die Förderung der Sächsischen Volkskunst. Um 1921 wurde vom Verein in der Nähe von Oelsen im Herrenhaus des ehemaligen Hammergutes *Bienhof* ein Forschungs- und Erholungsheim eingerichtet. Gleichzeitig war es Sommerfrische für die Vereinsmitglieder. Dort trafen sich Lehrer und Künstler mit ihren Familien, Heimatdichter wie Max Wenzel und Max Zeibig, der Herausgeber der Jugendzeitschrift „Kunterbunt". 1923 übernahm der Heimatschutz das „Museum Sächsische Volkskunst" im Jägerhof in der inneren Neustadt Dresden. Das Haus war nach einer Teilsanierung 1913 erhalten worden und mit einer außergewöhnlich umfangreichen und wertvollen Sammlung *„Sächsischer Volkskunst"* eröffnet worden. Oskar Seyffert wurde der erste Direktor des Museums. Ihm folgte Emil Lohse, ein Lehrer und Künstler, der zeitgleich mit Schanz an der *„Königl. Kunstgewerbe Schule"* in Dresden studiert hatte.

Max Schanz war sein ganzes Leben Mitarbeiter des Vereins. Er war zeitweise Vorstandsmitglied und einer der Fachleute, die das erzgebirgische Kunsthandwerk besonders förderten. Durch seine Anregung entstanden die bekannten Verkaufsstellen für Volkskunst, die die Handwerker in ihrer schwierigen Lage, vor allem in Kriegszeiten, förderten. Er war Berater, aber auch Vermittler und Organisator für den Einkauf im Seiffener Gebiet. Seine Tätigkeit im Verein und seine Stellung als Direktor der Fachschule Seiffen förderten die Zusammenarbeit und wirkten unterstützend in beide Richtungen. Die freundschaftliche Bindung zueinander gründete in der Studienzeit von Max Schanz an der Kunstgewerbeschule und hielt ihr Leben lang. Auf Anregung von Max Schanz wurde Prof. Oskar Seyffert anlässlich seines 75. Geburtstages (1937) zum Ehrenbürger Seiffens ernannt. Er starb 1940.

Friedrich Emil Krauß, Fabrikant aus Schwarzenberg und erster Vorsitzender des nationalsozialistisch orientierten „Heimatwerk Sachsen", wurde 1940 auch Vorsitzender des Heimatschutzes. Damit erfolgte die Gleichschaltung des Vereins. Der Bombenangriff auf Dresden im Februar 1945 zerstörte die Geschäftsstelle des Landesvereins, das Archiv wurde komplett vernichtet. Der Puppenspieler Oswald Hempel – Spitzname „Heimatschutzkasper" – kam in den Flammen ums Leben. Auch das Oskar-Seyffert-Museum im Jägerhof wurde schwer beschädigt, die oberen Stockwerke brannten. Glücklicherweise war der Museumsbestand ausgelagert, so konnten viele Kostbarkeiten gerettet werden. Nach Kriegsende durfte der Landesverein Heimatschutz weiter arbeiten, da er nicht aktiv am nationalsozialistischen System teilgenommen hatte.

Max Schanz versuchte mit den beiden Mitarbeiterinnen die Verkaufstellen für Volkskunst wieder aufzubauen und den Handel mit Seiffen wieder in Schwung zu bringen. Der Verkauf der Erzgebirgskunst war in diesem Moment die wichtigste Einnahmequelle des Heimatvereins. Einige Briefe von Max Schanz an Direktor Schmidt, die erhalten blieben, belegen diese starke Verbundenheit und Zusammenarbeit. Sie zeugen von den Erschütterungen, den persönlichen Problemen und der Hoffnung, dass der Heimatschutz seine Arbeit wieder aufnehmen könne.

Textquelle:
Mitteilungen 3, 1996, Nachlass Schanz

1 Professor Seyffert bekam zum 70. Geburtstag eine Spieldose mit sorbischen Figuren, entworfen von Max Schanz, hergestellt in der Seiffener Schule.
Auf Anregung von Max Schanz wurde er an seinem 75. Geburtstag zum Seiffener Ehrenbürger ernannt.
(M. Bachmann)

2 3
Zeichnungen aus der Studienzeit. Die Verbundenheit zu Dresden war auch ein Grund für sein lebenslanges Engagement für den Heimatschutz.

1

2

3

Elfriede Jahreiß
Kalligraphin und erste Seiffener Handwerksmeisterin im Spielzeug, Mathias Zahn

Geboren 1907 in Dresden, arbeitete Elfriede Jahreiß bis 1945 in ihrer Heimatstadt an einer Oberschule für Mädchen als Handarbeitslehrerin und kam nach der Bombardierung von Dresden nach Seiffen. Sie arbeitete als selbstständige Kalligrafin, legte 1955 die Meisterprüfung als Spielzeugmacherin ab und gründete als erste Frau in Seiffen einen kunstgewerblichen Betrieb. Sie war klug mit offenem Herzen und weitem Verstand, ein künstlerisch, kulturell und sozial interessierter Mensch. Sofort nach 1945 wurde sie in der örtlichen Kirchengemeinde aktiv und weiterhin viele Jahre Kirchengemeindemitglied in Seiffen. Sie hatte und hielt die Kontakte zur Dresdner Museumsverwaltung, zu diakonischen Einrichtungen wie die in Bethel, kannte sich beim Thema Werkbund ebenso aus wie bei den Künstler*innen der frühen DDR. Sie besuchte die klassischen Werke wie auch zeitaktuelle Ausstellungen und berichtete darüber. Beruflich war sie bis 1976 in ihrem eigenen Gewerbebetrieb tätig. Fertigte nach Schanzentwürfen die Stabpyramiden, Hochzeitszüge, Spieldosen und Lausitzer Trachtenfigürchen. Die Idee dazu gründete wohl auf einer Anregung seitens des sorbischen Ethnologen Pawoł Nedo (1908 – 1984). Alle Figuren sind im Miniaturformat ausgeführt und in der Feinheit einer geübten Zeichnerin und Kalligraphin gestaltet. Sie war es, die für Max Schanz nach 1945 die Außenwelt offen hielt und ihn auch in seinen kirchlichen Aktivitäten und Ausstellungen oft begleitete. Viele, vor allem auch junge Menschen in Seiffen, schätzten sie sehr.

Nach fünf Jahren Ruhestand in einem Dresdner Altenheim verstarb sie 1981. Wie hoch ihre Anerkennung immer noch war, lässt sich an den Menschen abschätzen, die zu ihrer Beerdigung aus Seiffen kamen. Von einem Zeitzeugen: Circa 30 Personen kamen mit den eigenen Autos, Pfarrer Karl-Heinz Eger, vier Posaunenbläser, der aktuelle Seiffener Kirchenvorstand mit Ehemaligen und Ehefrauen … *„Ein richtiges Remmidemmi"* hätte sie es kommentiert. Aufgrund einer Recherche und Initiative der Herausgeber wurde der Gedenkstein in Folge der Grabauflösung in Dresden-Bühlau 2020 nach Seiffen überführt. Diese Grabplatte wurde von der Bildhauerin Renate von Duisburg geschaffen.

„… Das Thema Figur wurde Mittelpunkt. Fast nur im Museum Seiffen war das Spielzeug aus Holz präsent, erlebbar und erschloss sich der Gesamtzusammenhang. Dadurch lernte man die Figurenwelt eines Karl Müller, den Wert eines Oskar Seyffert, Theodor A. Winde oder Max Schanz kennen und schätzen. Da war noch Elfriede Jahreiß, die sehr beeindruckte und die man gern besucht hat. Sie war geistreich in ihrem Urteil und gab gern guten Rat. Ihre kalligrafischen Fähigkeiten waren meisterhaft. Sie hatte stets Zeit und öffnete gern die Tür …" [1]

Textquelle:
1 Prof. Gerd Kaden in seinem biografischen Werkverzeichnis über die Zeit 1966.

1 Elfriede Jahreiß schuf zahlreiche zauberhafte Trachtenfigürchen, fein bemalt und oft mit Spitzen verziert.

2 3
Frau Jahreiß bei der Arbeit für ihre mit Stroh gedeckten Krippe um 1950/60. Sie enthielt dieselben Figuren wie die dreistäbige Tischpyramide. Bei besonderen Stücken schrieb sie mit der Feder auf dem rechten Wandteil einen Psalmspruch. Die Krippe hatte eine kleine, innen aufgehängte Laterne und wurde über eine rückseitige Blockbatterie zum Leuchten gebracht.

Ein weites Läuten
Jannik Grimmbacher 2020

Versetzt man sich in die eigenen kindlichen Weihnachtstage zurück, kommen meist kleine, sinnliche Erinnerungen zum Vorschein. Der Duft von frisch gebackenen Zimtsternen, das gedämpfte Licht des Adventskranzes oder das seelenruhige Christkind in der Weihnachtskrippe. Für die Geschwister der Familie Flämig war es das leise Klingen dreier Glöckchen, das die Weihnachtszeit begleitete. Zwei kleine Perlenkugeln hingen an feinen Silberfäden unter den Flügelblättern einer dreistöckigen Holzpyramide. Getrieben von der Wärme der Kerzen kreisten sie um die oberere Etage der Pyramide, die mit kleinen Holzbäumchen und zwei Glockenschellen bestückt war. Ab und an berührte eine Perle eines der Glöckchen – und verfehlte es zumeist in der folgenden Runde. So fand der Pyramidenklang immer wieder einen neuen Rhythmus zarter Töne. Im Hause der Familie Flämig bekam die Pyramide jedes Jahr zur Adventszeit ihren Platz in der liebevoll geschmückten Weihnachtsstube. *„Noch immer höre ich ihr Klingen"*, notiert Andreas Flämig in einem Brief. Der Brief ist Teil einer Dokumentation, auf dem diese Geschichte beruht.

Im Lauf der Zeit gründen die Kinder ihre eigenen Familien, richten ihre eigenen Weihnachtsstuben ein. Die Erinnerung an die Pyramide im elterlichen Haus aber bleibt für sie so prägend, dass sie sich alle nach dem Tod ihrer Eltern das Klingen der Glöckchen für ihre eigenen Weihnachtsfeste wünschen.

Andreas Flämig begibt sich daraufhin auf die Suche nach einer Werkstatt, die einen Nachbau des Originals anfertigen kann. Schnell stellt er fest, dass das komplizierter wird als gedacht. Schließlich ist der einzige Anhaltspunkt der Begriff *„Schanz-Pyramide"*, den die Mutter stets mit betonter Ehrfurcht aussprach. Andreas Flämig erinnert sich, dass sie auch von den *„berühmten Schanz-Figuren"* auf der Pyramide gesprochen hat. Er setzt sich mit dem Spielzeugmuseum Seiffen in Verbindung. Hier stößt sein Interesse auf offene Ohren, gerne gibt man Auskunft über das Wirken und Werken von Max Schanz in Seiffen. Andreas Flämig bekommt auch eine Broschüre zugeschickt, die anlässlich des 100. Geburtstags des Seiffener Fachschuldirektors herausgegeben wurde. Auf Seite 40 findet er tatsächlich ein Bild der Pyramide ...

Die beschriebene Pyramide stammt aus den frühen 50er Jahren. In der vom Spielzeugmuseum Seiffen herausgegebenen Broschüre „Idee, Zeichnung, Produkt" ist ein Bild abgedruckt. Es zeigt Max Schanz beim Schnitzen der Figuren für eine andere Pyramide. Neben ihm liegen etwa ein Dutzend Krippenfiguren auf dem Tisch, die nur noch auf den letzten Schliff und ihre Bemalung warten. Dahinter steht eine Pyramide - die „Schanz-Pyramide". Wenn man Max Schanz so vor ihr sitzen sieht, eine Krippenfigur und das Schnitzmesser in den Händen, die volle Aufmerksamkeit auf den nächsten Schnitt gerichtet, dann kann man sich gut vorstellen, wie bei ihm Detailverbundenheit und die Vorstellung vom Endprodukt seinen Blick für den nächsten Schritt formten.

Vom Spielzeugmuseum Seiffen bekommt Andreas Flämig auch den Hinweis, dass die Firma „Günter Flath und Sohn" die Nachfolge in der Fertigung einiger Produkte von Max Schanz angetreten hat. Daraufhin setzt er sich mit Volker Flath in Verbindung, der die Werkstatt seines Vaters mittlerweile übernommen hat. Der Vater war einst noch an der Gewerbeschule bei Max Schanz in der Lehre. Durch ihre persönliche Beziehung zu ihm verfügen sie über einen wertvollen Erfahrungsschatz für die Recherche zur Pyramide. Andreas Flämig scheint sehr angetan von der Arbeit des Seiffener Spielzeugherstellers. Nach einem Besuch der Werkstatt schreibt er über Volker Flath: *„An ihm beobachte ich eine seltene Mischung aus Herzlichkeit, Geschäftssinn und Handwerkerehre."*

Der Kontakt zur Werkstatt sollte letztlich Früchte tragen. Volker Flath zeigt sich beeindruckt von der Beharrlichkeit, mit der Andreas und seine Geschwister ihr Vorhaben verwirklichen wollen. Flämig macht sogar die Adresse von Ursula Zahn, Max Schanz' Tochter, ausfindig und bittet sie um die Erlaubnis zur Herstellung der Nachbauten. Auch sie ist sofort eingenommen von der Verbundenheit, die die Flämigs zur Pyramide ihres Vaters entwickelt haben. Sie spricht sich Volker Flath gegenüber für einen Nachbau aus. Die „Schanz-Pyramide" wird also tatsächlich wieder hergestellt, für alle Geschwister der Flämigs ein Exemplar. Und so kommt es, dass man das leise Klingen der „Schanz-Pyramide" nicht mehr nur in Dresden, sondern auch aus Weihnachtsstuben in Hennersdorf, Niesky, Loccum und Potsdam vernimmt.

Diese Pyramide von Max Schanz wurde nur in geringen Stückzahlen hergestellt und war nie in einem regulären Verkauf. Vermutlich war ihr eigentlicher Zweck, in Ausstellungen als besonderer Blickfang zu dienen. Zwei weitere Ereignisse in diesem Zusammenhang sind in den Nachlassunterlagen dokumentiert. Allen Geschichten gemeinsam ist der Umstand, dass die Pyramide durch den Erwerb jedes Mal *„vom Verschwinden bedroht war"*. Bei einer Ausstellung unseres Großvaters in der Kreuzkirche Eisenach 1950 erwarb der dortige Pfarrer ein Exemplar direkt von ihm. Rund fünf Jahre später – unser Großvater war 1953 bereits in Seiffen verstorben – entdeckte ein Prof. Dr. Bardin der „Moskauer Akademie der Wissenschaften" sie für sich bei einer Dienstreise in Freiberg. Er erwarb seinerzeit, nach einigen Rücksprachen bei der Herstellerin in Seiffen, das möglicherweise vorletzte Exemplar. Eine Ausführung der Pyramide fasste Max Schanz für seine Frau Hanna in den Farben grau, silber und blau.

In der Familie Flämig wurde sie *Schanz-Pyramide* genannt. Die Flaths nennen sie *Bimmelpyramet*, im Hause Zahn *Omapyramide* und wir (Ur)Enkel gaben ihr letztlich den Namen *Glockenpyramide* – für dieses Buch. Sie war ein Kernstück seiner Ausstellungsarbeiten für den Evangelischen Kunstdienst ab 1950.

1 Johanna und Max Schanz beim Zusammenbau der Figuren für die Glockenpyramide in ihrer Wohnung, um 1950.

2 Von dieser Pyramide wurden kleine Stückzahlen für Ausstellungen, Verkauf und die Familie hergestellt. Der Kantor Martin Flämig erwarb 1950 ein Exemplar und war damit auslösend für die voran beschriebene Geschichte.

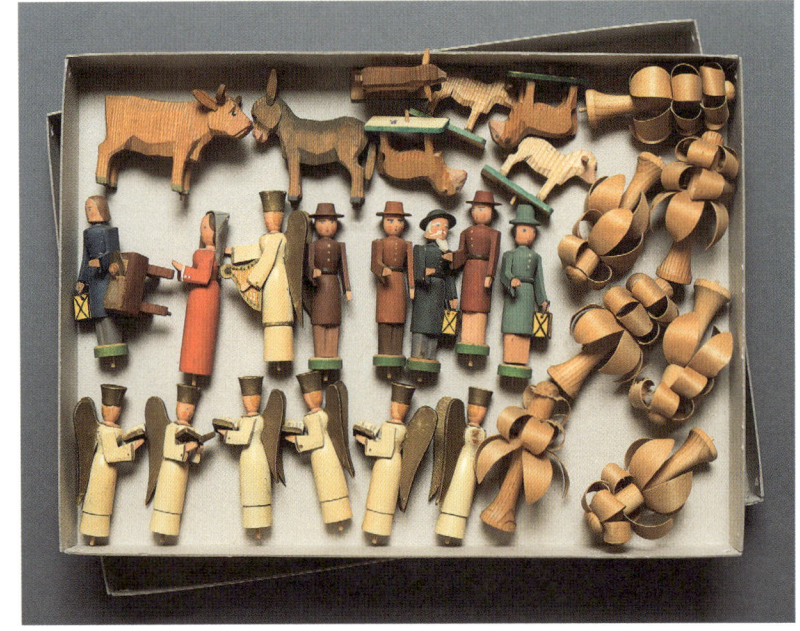

Der Evangelische Kunstdienst Sachsen

Der Kunstdienst der Landeskirche Sachsen wurde 1950 wieder neu gegründet. Unter anderem ist er zuständig für die Erhaltung, Pflege und Erschließung der Kunst vergangener Zeiten und ist Auftraggeber für zeitgenössische Kirchenkunst. Großer Wert wird auf gutes Kunsthandwerk für den kirchlichen Gebrauch gelegt, um alte sächsische Traditionen zu erhalten. Max Schanz wurde nach seiner Entlassung aus dem Schuldienst die Möglichkeit gegeben, verschiedene Weihnachtsausstellungen als künstlerischer Leiter zu gestalten. Dazu gehörten die Teilnahmen ...

... an der Eröffnungsausstellung in Freiberg April 1950 (Wanderausstellung unter Mitarbeit von Elfriede Jahreiß)

... in der Kreuzkirche Eisenach 1950, Ausstellung in Zusammenarbeit mit Pfarrer Rietschel. Eintrag im dortigen Gästebuch von Max Schanz und Elfriede Jahreiß. Prof. Dr. Gerhard Kappner erwarb dort die große Pyramide, die heute im Seiffener Museum steht.

... in Dresden / Trachau, Apostelkirche 1951, belegt durch eine Entwurfszeichnung der Ausstellung des Kirchenraums (20 große Holzengel – 47 cm hoch, 24 erzgebirgische Engel, 12 Mettenlaternen, 2 Nußknacker, 6 Räuchermänner usw.) Eine Besonderheit ist der hier dargestellte Engel, der nur für diese Ausstellung entworfen und hergestellt wurde.

... in Schwerin / Wichernsaal und in Rostock, Bericht von Pfarrer Theodor Rohrdantz im Tagesspiegel 1952

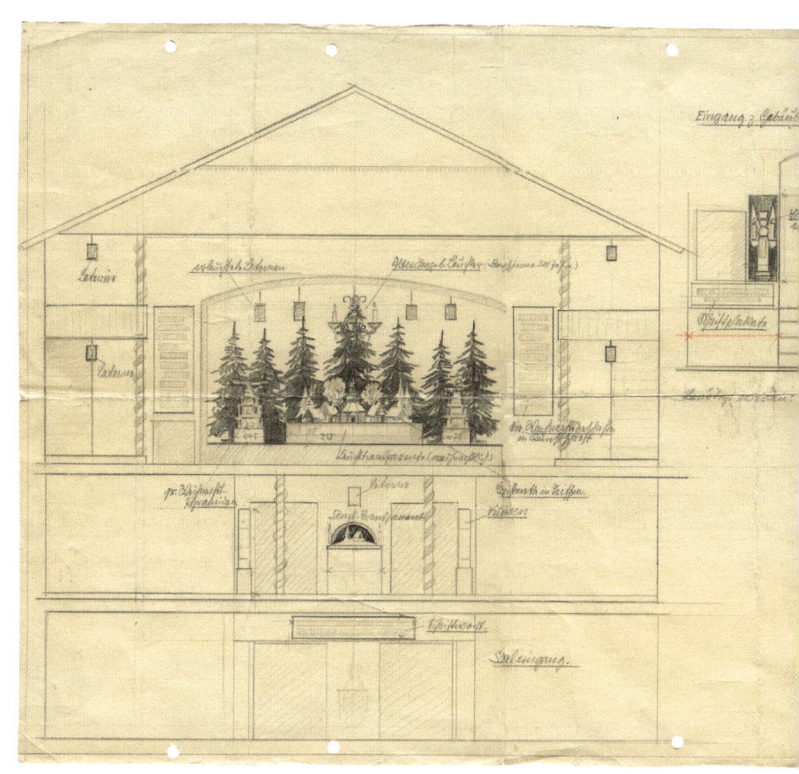

Die Kirchengemeinde und der evangelische Kunstdienst wurden nach 1948 seine wichtigsten Partner und Auftraggeber. Er nahm in dieser Zeit auch seine Ämter im Kirchengemeinderat wieder auf. Elfriede Jahreiß, mit der er eine Art Werkgemeinschaft unterhielt, half ihm in vielen Projekten, die im gesamten Gebiet der DDR stattfanden.

1   Max Schanz – eine seiner letzten Zeichnungen für die Innenrenovierung der Seiffener Rundkirche

2   Einer der zahlreichen, 47 cm großen Engel für die Ausstellung in der Apostelkirche Dresden / Trachau 1951. Aufnahme der Ev.-Lutherischen Landeskirche.

4   Entwurf und Aufbauplan für die Ausstellung in Schwerin 1952

Die Zeit nach 45 – Reflexion eines Lebens
Gedanken von Ursula Zahn, geb. Schanz,
zusammengefasst von Sabine Rommel

Woher nimmt ein Mensch, der seit einer schweren Granatverletzung im ersten Weltkrieg auf einem Bein durch die Welt laufen muss, die Kraft, so viel zu erreichen? Von 1920 bis 1945 hatte mein Vater die Fachschule und die Schüler geformt, zuerst als Lehrer, ab 1935 als Direktor. Die Liebe zum Spielzeug, aber auch zu dem Ort, hat sein ganzes Leben geprägt.

Nach seiner Entlassung 1945 aus dem Schuldienst macht er neue Pläne für den Unterricht und kämpft zusammen mit Menschen, die ihn unterstützen und für ihn aussagen, für eine Rehabilitierung und um die Möglichkeit, wieder arbeiten zu dürfen. Trotz Denunzierung in der Zeitung, erhält er am 9. Mai 1946 die *„Bestätigung des erbrachten Nachweises der antifaschistischen Betätigung und damit gibt es keine Bedenken gegen die Wiedereinstellung"* – trotzdem folgte keine erneute Schulanstellung. Die Möglichkeit *„seiner Schule"* weiterzuhelfen, wird ihm verwehrt. Andere übernehmen seine Stelle. Der zweite Weltkrieg, den er erleben muss, schadet dem Kriegsversehrten nicht körperlich, er nimmt ihm aber am Ende einen wesentlichen Teil seines Lebensinhalts – die Arbeit an der Seiffener Schule.

Er ist verzweifelt und tief enttäuscht, doch er will sich ab 1946 wieder seiner Arbeit und seinem Spielzeug widmen. Er beantragt die Eintragung in die Handwerksrolle, wird Mitglied im *Verband Bildender Künstler der DDR*. Mit Hilfe vieler Seiffener Handwerker und Unterstützungen aus dem Freundeskreis gelingt es ihm, seinen Unterhalt außerhalb der Schule zu verdienen. Vor allem Elfriede Jahreiß hilft ihm bei der Realisierung seiner neuen Entwürfe. Sie ist seine Mitarbeiterin, zusammen mit seiner Frau Hanna. Mit viel Einfühlungsvermögen und Begeisterung erlernt Frau Jahreiß das Drechselhandwerk, später, 1955, wird sie Meisterin und leitet als erste Frau einen kunstgewerblichen Betrieb. Eine kleine Werkstatt wird in Heidersdorf gemietet, Krippen, Engel und viele Pyramiden entstehen unter Mithilfe der Firma Günther Flath, Kurt Pflugbeil und Kurt Biermann. Die Bauteile der späten großen Pyramiden werden untereinander austauschbar konstruiert. Die Formen variieren in unterschiedlichen Größen, auf verschiedene Grundelemente kann aufgebaut werden, so wird die Menge der Teile reduziert. Auch hier arbeiten befreundete Handwerker mit. Das Flügelrad der *Glockenpyramide* stellt Kurt Pflugbeil her, ein hervorragender Handwerker, der zeitweise schon für Walter Gropius Modelle gebaut hatte. Die Pyramiden bekommen verschiedene Bestückungen, meist gedrechselte Figuren und beschnitzte Tiere. Ein Pyramidenunikat fertigt mein Vater 1948 zu meiner Hochzeit für mich an und bemalt sie fein lasierend. Mit ausschließlich geschnitzten, heimatlichen Figuren ortstypischer Berufe, skifahrenden Kindern, seinen unverwechselbaren Waldtieren, einer Parade der Bergleute. Zwei kleine Engeln spickeln neugierig auf den Zehnspitzen in die Krippe. Maria im Alltagskleid, ihr Joseph ein jugendlicher Forstwirt. Diese Pyramide scheint ein Zeitbild und gleichzeitig ist sie die Essenz seines späten Wirkens.

Auch nach 1945 kennzeichnen vielfältige Aufgaben sein Leben. Die Figuren zu mehreren großen, strohgedeckten Krippen schnitzt und bemalt mein Vater selbst. Es ist keine orientalische, sondern eine „Heimatkrippe", mit der heiligen Familie, Ochs und Esel, Hirten und vielen Schafen. Die Tiere und Hirten sind in Bewegung, sie laufen zum Stall „... *und sie kamen eilends ...*" Mein Vater malt nun Bilder zum Verkauf und Tausch, die Kunst ist keine Freizeitbeschäftigung mehr, sondern dient dem Broterwerb. 1949 entwirft er für Seiffen die Werbebroschüre „*Rund um den Schwartenberg*". Die Kirche wird durch den Evangelischen Kunstdienst einer seiner wichtigsten Auftraggeber. Für kirchliche Ausstellungen gestaltet er fast ausschließlich Weihnachtsobjekte. Er übernimmt die graphische Gestaltung der Kirchenblätter. Für die Seiffener Bergkirche entwirft er Leuchter und Laternen. Seine letzten Entwurfsblätter hierfür fertigt er von seinem Krankenhauszimmer in Stuttgart aus. Günther Flath stellt große Teile der *Glockenpyramide* her. Fünfzig Jahre später werden noch einmal zwölf Stück neu aufgelegt. Und auch die kleinen Stabpyramiden, mit Weihnachtsmann und Krippe, werden von Elfriede Jahreiß und der Werkstatt Flath wieder hergestellt. 1995, zur Feier des 100jährigen Jubiläums Max Schanz im Museum, gibt es eine Sonderauflage einer Spanschachtel mit kleinen Zwergen.

Über Elfriede Jahreiß hat er die Chance, bei der Neugestaltung des Spielzeug-Museums mitzuwirken, was ihm doch so sehr am Herzen liegt. 1953 öffnet das Museum wieder. Aber da liegt mein Vater schon im Krankenhaus in Stuttgart. Zu seiner Krebserkrankung bricht die Tuberkulose erneut wieder aus. Er kann nicht mehr sprechen. Am 14. September 1953 stirbt er in Seiffen und wird auf dem dortigen Friedhof, vor seiner geliebten Kirche, unter einem Findling beerdigt.

Max Schanz überträgt seine Ästhetik, seine Kenntnis und seine Liebe zum Holz in besonderer Weise auf seine Tochter Ursula. Sie ist Schülerin an der Seiffener Fachschule, lernt Zeichnen, Schnitzen und Drechseln – auch bei ihrem Vater. Später studiert sie von 1946 – 1949 an der „Staatlichen Hochschule für Werkkunst" in Dresden ihren Wunschberuf Holzbildhauerei, in einer Klasse der legendären „Arbeitsgemeinschaft Winde". Prof. Theodor Artur Winde begann bereits 1918 an der Kunstgewerbeakademie mit dem Aufbau einer „Fachklasse für angewandte Plastik; Werkstatt für Holzbearbeitung", die er bis 1933 leiten konnte. 1919 schließt Schanz an derselben Hochschule sein Lehramtsstudium ab. Nach dem 2. Weltkrieg kehrt Winde für wenige Jahre an die Staatliche Hochschule für Werkkunst nach Dresden zurück. Max Schanz empfiehlt seiner Tochter das Studium dort mit der Bemerkung „Winde ist der Beste". Absolventen der Hochschule in der Zeit sind u. a. Lüder Bayer (Drechsler), Hans Brockhage (Bildhauer, Grafiker, Formgestalter), Erwin Andrä (Formgestalter, Rektor Burg Giebichenstein) sowie Brigitta Großmann-Lauterbach (Holzbildhauerin, Spielzeuggestalterin). Einem Brief von Lüder Bayer ist zu entnehmen, dass Renate von Duisburg, Restauratorin in Dresden, zumindest zeitweise dieser Werkgemeinschaft angehörte.

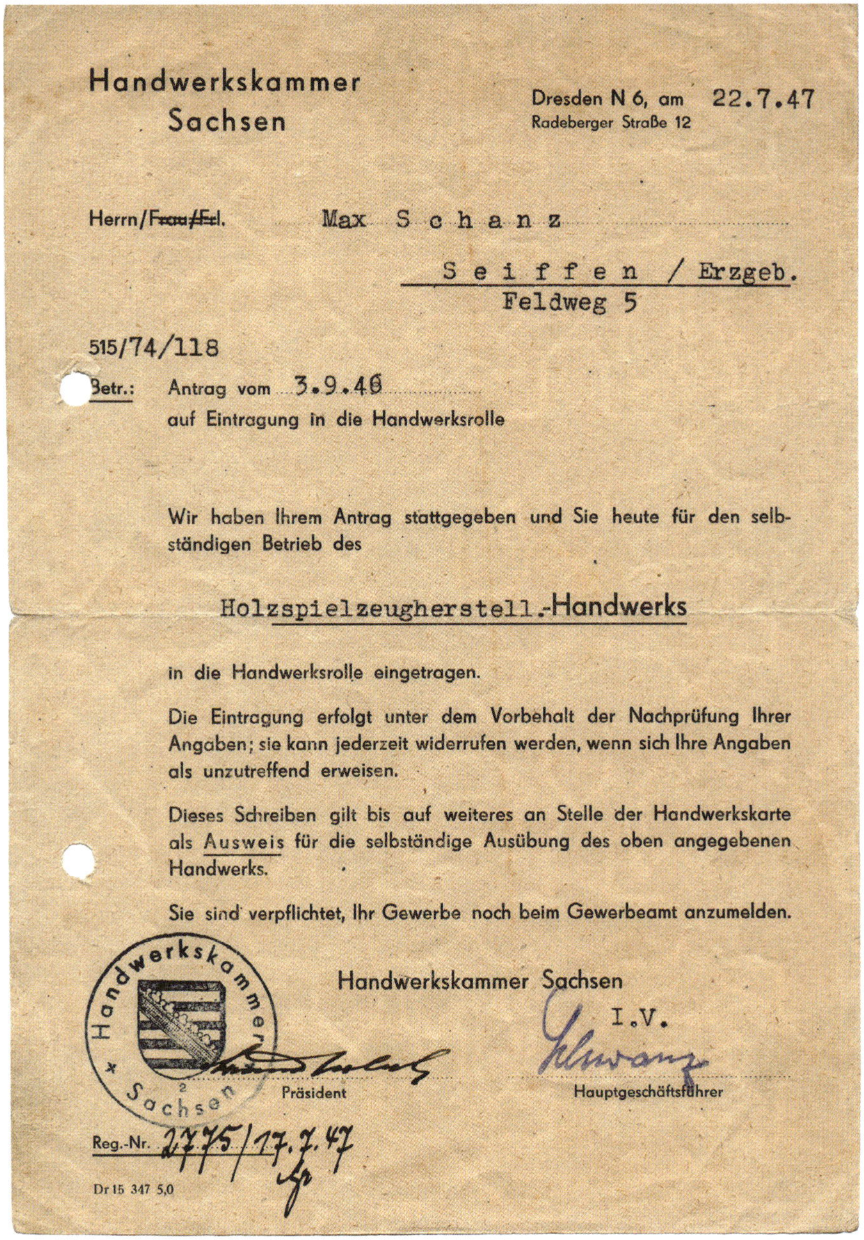

Handwerkskammer Sachsen

Dresden N 6, am 22.7.47
Radeberger Straße 12

Herrn/~~Frau/Frl.~~ Max Schanz

Seiffen / Erzgeb.
Feldweg 5

515/74/118

Betr.: Antrag vom 3.9.46
auf Eintragung in die Handwerksrolle

Wir haben Ihrem Antrag stattgegeben und Sie heute für den selbständigen Betrieb des

Holzspielzeugherstell.-Handwerks

in die Handwerksrolle eingetragen.

Die Eintragung erfolgt unter dem Vorbehalt der Nachprüfung Ihrer Angaben; sie kann jederzeit widerrufen werden, wenn sich Ihre Angaben als unzutreffend erweisen.

Dieses Schreiben gilt bis auf weiteres an Stelle der Handwerkskarte als Ausweis für die selbständige Ausübung des oben angegebenen Handwerks.

Sie sind verpflichtet, Ihr Gewerbe noch beim Gewerbeamt anzumelden.

Handwerkskammer Sachsen
I.V.
Präsident   Hauptgeschäftsführer

Reg.-Nr. 2775/17.7.47

Dr 15 347 5,0

1

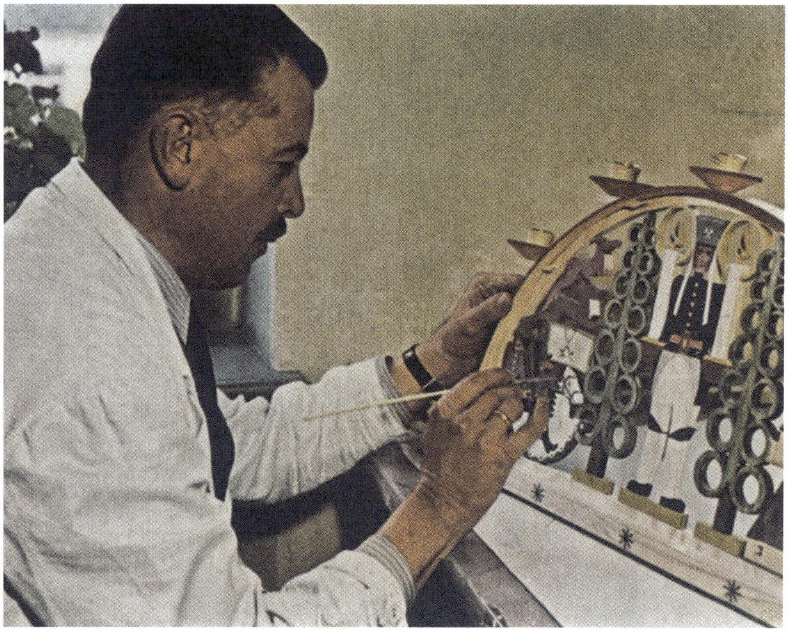

2

Max Schanz machte sich 1946 nach seiner Entlassung aus dem Schuldienst selbständig. Seine Entscheidung, in Seiffen zu bleiben, hatte er wohl überlegt getroffen. Er wurde anerkannter Werkkünstler der DDR, konnte einen kleinen Handwerksbetrieb gründen und wurde wichtiger Entwerfer und Berater der Seiffener Handwerkerschaft. Auf Grund seiner persönlichen Art war er im Dorf nach wie vor anerkannt und geschätzt.

Ab 1950 betreute er in enger Zusammenarbeit mit Prof. Manfred Bachmann im Auftrag des *Landesamtes für Volkskunde und Denkmalpflege* und für das *Zentralhaus für Laienkunst* (Leipzig) die Volkskünstler Seiffens. (M. Bachmann)

3

5

MAX SCHANZ
SEIFFEN IM ERZGEBIRGE
RUF SEIFFEN 360

WERKSTATT
FÜR ERZGEBIRGISCHE
WEIHNACHTSPYRAMIDEN
UND -KRIPPEN

4

1

2

3

Die Farben des Gebirges

Das malerische Werk von Max Schanz ist in der Öffentlichkeit weitgehend unbekannt. Dies wollte die Kirchengemeinde Seiffen ändern und organisierte 2015 eine Ausstellung über seine Aquarelle in der Jugendstilkirche von Deutscheinsiedel. Die besondere Idee gründete darauf, unbekannte Bilder aus privaten Haushalten in Seiffen, Dresden und Umgebung zu zeigen. Dazu wurden sie durch den Olbernhauer Fotografen Kristian Hahn in einem aufwändigen, speziellen Beleuchtungsverfahren vor Ort in den Rahmen fotografiert. Heraus kamen Reproduktionen, die in außergewöhnlicher Weise die Anmutung der Originalaquarelle wiedergeben. 2016 gründeten wir eine kleine Edition, die zwei Dutzend dieser Motive als Postkarten vertreibt. Diese Initiative war gleichzeitig der Vorlauf für dieses Buch.

www.max-schanz-kuenstlerkarten.de

4

5

6

Jahr	Ereignis (lokal/persönlich)	Ereignis (Max Schanz)
1895		12.04.1895, wird Max Schanz in Niedergorbitz bei Dresden geboren
1898		1901–1909, Volksschule in Niedergorbitz und Dresden Hauslitz
1903	Kinderschutzgesetz verbietet dauerhafte Mitarbeit von Kindern	
1906	Gründung Reifendreherzwangsinnung	
1909		1909–1912, Schüler an der Königlichen Kunstgewerbeschule Dresden
1910	Seiffen hat 1437 Einwohner	1910–1914, Studium an der Königlichen Akademie für Kunstgewerbe Dresden
1912	Anschluss Seiffens an die elektrische Stromversorgung	1912–1913, Ausbildung zum Zeichner bei Anton Rieger Dresden (Kunstgewerbliches Atelier)
1913	Spielwarenausstellung im Albert-Salon	1913–1914, Entwerfer bei Paul Geißler Dresden (Atelier für Musterzeichnen)
1914	Beginn 1. Weltkrieg	
1915		1915–04.1917, Kriegsdienst
1917		30.07.1917, Kriegsverletzung, Amputation des rechten Unterschenkels Besuch der Zeichenlehrer-Abteilung an der Akademie für Kunstgewerbe Dresden
1918	Ende 1. Weltkrieg	1918–1919, Ausbildung zum Zeichenlehrer an der Königl. Kunstgewerbeschule Dresden; Kontakte zu Prof. Oskar Seyffert und Theodor Artur Winde
1919	Gründung Wirtschaftsverband erzgebirgischer Holz- und Spielwarenverfertiger	04.08.1919 Staatsprüfung zum Zeichenlehrer
1920	Georg Haupt übernimmt Pfarrstelle in Seiffen	01.01.1920–31.07.1920, Anstellung beim Schulamt Dresden 01.08.1920, Anstellung als Gewerbelehrer an der Staatlichen Fachschule Seiffen auf Empfehlung von Prof. Oskar Seyffert
1921	Sächs. Heimatschutz richtet im Hammergut Bienhof Forschungszentrum ein	23.12.1921, Ehe mit Johanna Walther, Trauung in der Jakobi-Kirche Dresden
1923	Erste Serie gewerblicher Pyramiden in Seiffen	Präsentation auf der Spiel und Sport; Dresden, Vereinigung ehemaliger Fachschüler der Spielwarenfachschule wird ins Leben gerufen
1924		Gründung einer Innung der Spielwarenhersteller Gründung der Bühnenvolksbundes, Sprechtheater, Lieder- und Faschingsabende
1926	Bau des Seiffener Rathauses	Gründung einer Drechslerinnung 09.08.1926, Geburt der Tochter Ursula Max Schanz wird zum Berater im Bauausschuss des Kirchenvorstandes gewählt
1928	Eröffnung Postkraftlinie Olbernhau-Seiffen	25.06.1928, Geburt des Sohnes Gottfried
1929	Weltwirtschaftskrise	Wohnung in der Ernst-Thälmann Str. 112, Seiffen Neueröffnung d. Spielzeugausstellung, Mitarbeit beim 150jährigen Kirchenjubiläum
1930	Zerschlagung des deutsch-tschechischen Grenztreffens durch die Polizei	Ausstellung heimischer Volkskunst im Saal des Bunten Hauses Seiffen
1931	Höchste Arbeitslosenzahl Seiffens, ca. 70%	Ernennung zum Gewerbeoberlehrer auf Befürwortung von Prof. Alwin Seifert

Jahr	Ereignis (links)	Ereignis (rechts)
1932	Alwin Seifert legt sein Direktorenamt an der Seiffener Fachschule aufgrund öffentlichen und politischen Drucks nieder	Gründung des Berufsverbandschule Seiffen-Heidelberg-Oberseiffenbach
1933	Politische Säuberungsaktionen in Seiffen, Mißhandlung der Gefangenen	Max Schanz übernimmt kommissarisch die Schulleitungen in Seiffen und Grünhainichen Mai 1933, Eintritt in die NSDAP, Ausstellungen *Weihnachtsberg Berlin*, *Sachsenfleiß Leipzig*, *Erzgebirgsschau Dresden*, Leipzig, Köln, München, *Große Krippenschau Aue*
1934	Erste Halbautomaten in erzgebirgischen Betrieben	Ausstellungen *Jahresschau Dresden*, *Sachsen im Winter Columbushaus Berlin* Juni 1934, die Freilichtbühne in der *Seiffener Geyerin Pinge* wird eröffnet 10.12.1934, Mitglied des gewerblichen Sachverständigenvereins 1934–1943, Gestaltung verschiedener Abzeichen (Arbeitsbeschaffungsmaßnahmen)
1935	Spielzeugmacher wird zum Handwerks- und Lehrberuf erhoben; dreijähriges Lehrverhältnis mit Abschluss Meistertitel	01.07.1935, Ernennung zum Direktor d. Fachschule; Arbeitsbesuche in Thüringen und Sonneberg. *Deutsche Weihnachtsschau* in Berlin
1936		07.02.1936, Gründung des Werbeverbandes für Holz und Spielwarengewerbe im Schwartenberggebiet e. V. 23.05.1936, Eröffnung der Spielzeugwerbeschau Seiffen
1937		Goldmedaillen für Kurrende und Striezelmarktkinder, Weltausstellung Paris
1939	Beginn 2. Weltkrieg	
1940	Oskar Seyffert stirbt, F. E. Krauß wird neuer Vorsitzender des Heimatschutzes, politische Gleichschaltung mit Heimatwerk	1941–1944, Entwicklung von Frontweihnachtsgaben, zerlegbare Pyramiden
1941		Eigenständige Ausbildungsklasse für Spielzeughandwerker
1942		Anerkennung als staatliche Lehrwerkstatt Spielwaren Fach- und Gewerbeschule
1943	Spielbetrieb Naturbühne wird eingestellt	Vorsitzender des Zweigvereins des Sächsischen Heimatschutzes
1944	Umnutzung des Museums zum Lazarett	
1945	Ende 2. Weltkrieg Heinz Eichler übernimmt die Schulleitung Hans Reichelt wird Zeichenlehrer	Wiederbelebung des Sächsischen Heimatschutzes, Erarbeitung neuer Lehrpläne Ende seiner Schulanstellung, Bemühungen um Rehabilitierung, Leitung der Abteilung Ausstellung Sächsischer Industrie- und Handwerkserzeugnisse Dresden
1946		09.05.1946, Bestätigung des erbrachten Nachweises antifaschistischer Betätigung
1947	Erste Meisterprüfungen im Drechsler- und Spielzeugmacher-Handwerk nach Kriegsende, Wirtschaftsverband von 1919 wird Einkaufs- und Liefergenossenschaft	Erneute Berufung in den Kirchenvorstand
1948		Wohnung im Feldweg 5, Seiffen; Eintragung in die Handwerksrolle als selbständiger Betrieb; Mitarbeit von Elfriede Jahreiß; Auftragsarbeiten und Entwürfe für die Kirche sowie den evang. Kunstdienst in Sachsen. Heirat Tochter Ursula mit Gerhard Zahn
1949	Förderungsmaßnahmen für Volkskünstler	Werbebroschüre *Rund um den Schwartenberg*
1950		Ausstellung in der Kreuzkirche Eisenach
1951	Diez Borges übernimmt Leitung der Schule	Krebserkrankung
1952	Staatliche Spielwarenschule wird zur volkseigenen Lehrwerkstatt	Kirchenausstellungen in Schwerin und Rostock (Pfarrer Rohrdantz)
1953	Eröffnung Erzgebirgisches Spielzeugmuseum Seiffen	Mitarbeitsangebot im Verband Deutscher Spielwaren- und Christbaumschmuckindustrie; Krankenhausaufenthalt in Stuttgart, erneuter TB-Ausbruch, Verlust des Sprachvermögens 14.09.1953, stirbt Max Schanz in Seiffen, Beisetzung auf dem Friedhof der Bergkirche

Nachlass und Anlass zu diesem Buch

In Baden-Württemberg geboren und aufgewachsen leben wir von klein auf mit dem erzgebirgischen Spielzeug und den eigenen familiären Sammlungen. Unser Großvater ist 1953 gestorben, wir beiden Enkel wurden 1950 und 1953 geboren. Es gibt kaum eigene Erinnerungen an ihn als Person. Nahezu alle Erlebnisse und Schilderungen wurden uns durch unsere Mutter übermittelt. Als Kinder waren wir davon fasziniert und emotional angesprochen. Sowohl im Herzen unserer Mutter als auch in den Erinnerungen der Seiffener war unser Großvater ein ganz besonderer Mensch. Diese allumfassend positive Bewertung seiner Person und seines Schaffens von Seiten der Seiffener Handwerker und Freunde beeindruckte uns. Hinterließ jedoch auch immer wieder neue Fragen.

1990 konnten wir endlich frei nach Seiffen reisen. 1995 wurde Max Schanz anlässlich seines 100. Geburtstages im Zusammenhang der wiedereröffneten Fachschule geehrt. Seitdem lernten wir neue Menschen kennen, die uns auch eine differenziertere Bewertung seiner Person gaben. 2013 kam der Nachlass unseres Großvaters in unsere Verantwortung. Die Zeichnungen, Entwürfe, Fotografien und Dokumente befanden sich ausschließlich im Besitz der Familien Schanz und Zahn. Einige davon seit nunmehr über 100 Jahren. 2015 ehrte die Seiffener Kirchengemeinde Max Schanz mit einer Ausstellung über seine Landschaftsbilder in der benachbarten Kirche von Deutscheinsiedel. 2016 gründeten wir aus diesem Zusammenhang eine Postkartenedition. Dabei entwickelte sich erstmals der Gedanke, sein Werk und sein Leben auch umfassender darzustellen. 2018 entschieden wir uns konkret zu diesem Buch. Ein besonderes und schön gestaltetes Spielzeugbuch sollte es werden, vielfältig in den Betrachtungen und im Kern auf seine Arbeit als Entwerfer erzgebirgischer Spielzeuge bezogen. Die Textbeiträge sollten in den Hauptthemen fachkompetente Autoren liefern. Eine lange und durchaus wechselvolle Suche begann. Eine Beschreibung seines pädagogischen Konzeptes von außen kam leider nicht zustande.

Unsere monatelangen Recherchen führten uns zu immer neuen Themen. Wir lernten weitere Menschen, Geschichten und Beziehungen kennen. Diese authentischen Texte vervollständigen in besonderer Art das Gesamtbild im Kapitel *Findlinge*.

Vier biografische Texte ergänzen die Sicht von innen. Die Aufsätze von Max Schanz „Die Spielwarenindustrie unserer erzgebirgischen Heimat" 1926 und „Weihnachtsgaben für die Front" von 1943. Seine Tochter Ursula Zahn, unsere Mutter, schrieb zu seinem 100. Geburtstag eine Laudatio. Zahlreiche Erlebnisschilderungen aus ihrer Kindheit und Jugend gingen voraus. Wir haben diese Aufsätze, insbesondere die Stimmungsbilder, zu einer möglichst authentischen Nacherzählung zusammengefasst.

Formulierungen des Buches

Zu Beginn des Buches 2018 fassten wir die Entscheidung, Themen und Autorenschaft in eine vielseitige Betrachtung aus unterschiedlichen Perspektiven zusammenzuführen. Wir wahren dabei die Individualität der Beiträge. Alle Zuordnungen wurden sorgfältig recherchiert und mit Bedacht beschrieben. Es kamen Beiträge aus Archiven hinzu, insbesondere aus dem Spielzeugmuseum Seiffen. Sowie Geschichten, die uns oft zuvor unbekannte Menschen zutrugen.

Nur wenige Entwürfe des Spielzeugs sind namentlich oder zeitlich datiert. Die Zeichnungen aus der Hand von Max Schanz zeigen stets einen vergleichbaren Stiltypus und Strich. Dazu sind seine handschriftlichen Notizen wichtiger Beleg für seine Urheberschaft oder Beteiligung. Nicht immer liegen von Spielzeugobjekten Entwurfszeichnungen vor, aber oft sind Fotografien mit den gezeigten Schaustücken konkret in den Alben datiert – ein wichtiger Beleg für deren zeitliche Zuordnung. Vermutlich wurden manche Ausführungen von Lehrerkollegen konstruiert oder von Schülern gezeichnet und anschließend von ihm korrigiert. Max Schanz zeichnete die detailreichen Entwürfe, die Figur entwickelte sich jedoch stetig in Absprache mit den jeweiligen Handwerkern und Schülern. Zu größeren und langjährigen Fertigungen gelangten letztendlich wenige Produkte. Viele wurden nur in kleinen Auflagen und eben zu den Ausstellungsanlässen gebaut. Aufgrund dessen haben wir uns je nach Faktenlage für folgende Bildunterschriften entschieden:

... Das Synonym *Fachschulzeit* steht immer an der Stelle, wo seine Lehrtätigkeit ohne konkreten Personenbezug nachweisbar ist. Der Zeitbezug ist damit belegt, die Urheberschaft nur bedingt nachgewiesen.

... Liegen übereinstimmende Zeichnungen und Objekte vor, ist der *Entwurf Max Schanz* klar belegt. In der Gegenüberstellung historischer und aktueller Fotografien zeigt sich auch, welchen Weg die Entwürfe in der Fertigung genommen haben.

... Informationen seiner Kinder Ursula Zahn und Gottfried Schanz sind wichtige Zeitzeugnisse. Dazu kommen Erinnerungen befreundeter Personen und Bekannter. Nur vereinzelt konnten wir noch Schüler ausfindig machen. In Seiffen halfen uns Dr. K. Auerbach, Pfarrer Harzer, Volker und Günter Flath sowie die Seiffener Volkskunst eG.

... Ergänzend wurden Unterlagen aus den Archiven des Spielzeugmuseums Seiffen, dem Volkskundemuseum Dresden, dem Spielzeugmuseum Nürnberg sowie verschiedenen staatlichen Archiven in Sachsen recherchiert und eingebunden.

... Wir beiden Herausgeber erstellten die Objektbeschreibungen. Eine Zeitschiene seiner Lebensdaten und -taten zeigt sein Leben im Überblick.

... Die Seiffener Spielzeug-Gewerbefachschule wurde in den verschiedenen Zeiträumen und zahlreichen unbeeinflussten Artikeln unterschiedlich benannt. Wir haben uns für die Bezeichnung *Spielwarenfachschule* entschieden.

Biografien

Dr. Konrad Auerbach, Seiffen
Diplompädagoge für Kunsterziehung und Geschichte, Leiter des Erzgebirgischen Spielzeugmuseums Seiffen mit Freilichtmuseum. Jahrgang 1958, aufgewachsen in Seiffen, Studium an der Universität Leipzig, dort auch im Bereich der Kunstwissenschaften promoviert. Publiziert vor allem innerhalb der wissenschaftlichen Schriftenreihe des Erzgebirgischen Spielzeugmuseums Seiffen.
www.spielzeugmuseum-seiffen.de

Dr. Urs Latus, Erlangen
Geboren 1969 in Saalfeld / Saale; Abitur und Tischlerlehre; Ausbildung zum Restaurator für Kunsthandwerk am Germanischen Nationalmuseum; Studium der Archäologie, Kunstgeschichte und europäischen Ethnologie in Erlangen und Bamberg, Mitarbeiter bei den Museen der Stadt Nürnberg seit 1993. Lehrbeauftragter, Buchautor und kunsthandwerklicher Drechsler.
www.drechselstuecke.de

Christoph Grauwiller, Liestal Schweiz
Geboren 1944 in Basel, Schweiz, Ausbildung zum Real- und Berufswahlklassenlehrer in Bern und Liestal, Tätigkeit als Lehrer und Leiter der Klubschule Migros Basel im Bereich Erwachsenenbildung. Fasziniert von der Sächsischen Volkskunst legte er eine Dokumentation der Handwerker in Seiffen an, erforschte im Stadtarchiv Nürnberg die Handelsbeziehungen zwischen Nürnberg und Seiffen der Jahre 1788 bis 1820. Gründete das Erzgebirgische Spielzeugmuseum ‚Zum Bunten S' in Liestal, Schweiz.

Jannik Grimmbacher, Freiburg Breisgau
Geboren 1996, Kindheit und Jugend in Schwäbisch Gmünd, studiert an der Uni Freiburg Politik und Geografie. Schreibt seit 2016 Kultur- und Berufsreportagen für regionale Tageszeitungen und Studentenmagazine.

Michael Harzer, Seiffen
Geboren 1967 in Marienberg / Erzgeb; Kindheit und Schule in Zöblitz bei Marienberg Berufsausbildung und Tätigkeit als Kaufmann. 1990 – 1996 Studium der Theologie und Kunstgeschichte an der Universität Leipzig. 1996 – 2005 Pfarrer in Pobershau / Erzgebirge und Flöha bei Chemnitz; seit 2005 Pfarrer der Kirchgemeinde Seiffen.

Peter Rößler, München
Geboren 1934 in Dresden. Sohn des Erich Rößler, Oberamtmann in Sayda und Landrat von Rochlitz. Aufgewachsen in Sachsen, ab 1948 in Bayern. Abitur in Kulmbach, ab 1953 Studium der Malerei und Grafik an der Akademie der Bildenden Künste München sowie Kunstgeschichte an den Universitäten München und Erlangen. Kunsterzieher an Gymnasien in Bayern, Tätigkeit in Griechenland und in der Direktion der Bayerischen Staatsgemäldesammlungen München. Lebt als Bildhauer und Grafiker in München.

Julia Jasmin Rommel, Berlin
Geboren 1979, Kindheit und Jugend in Schwäbisch Gmünd, Studium Visuelle Kommunikation (UdK Berlin, Konstfack Stockholm) u. Szenographie (ZhdK Zürich). 2007 – 2011 Mitarbeit bei Integral Ruedi Baur Zürich. Lebt als freischaffende Szenographin und Graphikdesignerin in Berlin. Der Fokus ihrer Arbeit liegt auf dem Thema raumbezogene Orientierung.
www.juliarommel.com

Sabine Rommel, geb. Zahn, Schwäb. Gmünd
Geboren 1950 in Stuttgart. Kindheit und Jugend in Neu-Ulm und Ulm, Schneiderlehre und Meisterschule für Mode in München. 1971 – 1975 Studium Grafik-Design, FB Visuelle Kommunikation in Schwäbisch Gmünd. Mitarbeit bei rommel industrial design. Freischaffende Gestalterin für Schmuck, Papierobjekte, Holzfiguren, Fotografie, Radierung.
www.sabinerommel.de

Max Schanz, Seiffen
Geboren 1895 in Dresden Niedergorbitz. 1909 – 1919 Schüler an der Staatlichen Kunstgewerbeschule Dresden, 1915 – 1917 Kriegsdienst mit schwerster Verletzung. 1919 Abschluss Zeichenlehrerprüfung, 1920 – 1953 Zeichen- und Gewerbelehrer in Seiffen, Schulleiter von 1935 – 1945, 1947 – 1953 Werkkünstler und selbstständiger Kunsthandwerker in der DDR. 1953 in Seiffen gestorben.
www.max-schanz-spielzeuggestalter.de

Mathias Zahn, Schwäb. Gmünd
Geboren 1953 in Stuttgart. Kindheit, Jugend und Schulen in Neu-Ulm und Ulm. 1972 – 1976 Studium Grafik-Design, FB Visuelle Kommunikation in Schwäbisch Gmünd. Seit 1976 selbständig, Büro Zahn + Kontext kommunikatio. Schwerpunkte informelle Gestaltung, Corporate Design, Kommunikation im Raum.
www.raumzeichen.com

Ursula Zahn, geb. Schanz, Ulm
Geboren 1926 in Chemnitz, Sachsen. Tochter von Johanna und Max Schanz. Schülerin an der Staatlichen Fachschule für Holzindustrie, Seiffen / Erzgebirge. Sechs Semester Studium an der Hochschule für Werkkunst Dresden bei Prof. Th. Artur Winde, Holzbildhauer und Prof. Will Grohmann, Kunsthistoriker. Abschluss als Holzbildhauerin. Lebte mit ihrem Mann Gerhard Zahn und ihren drei Kindern ab 1949 in Stuttgart, Neu-Ulm und Ulm. Initiierte zahlreiche Ausstellungen über erzgebirgische Holzspielzeuge und eigene Arbeiten. Sie starb 2013 in Ulm.

Wir bedanken uns
für die fachkompetenten, freundlichen Unterstützungen, für Geschichten, aufmunternde Worte und finanziellen Beiträge bei …

… den Autoren Dr. Konrad Auerbach, Dr. Urs Latus, Pfarrer Michael Harzer, Peter Rößler, Christoph Grauwiller, Jannik Grimmbacher

… Volker und Günter Flath, Gottfried und Thomas Schanz, Andreas Bilz (Seiffener Volkskunst eG), Dr. Frank Schmidt (Kunstdienst der Ev. Landeskirche Sachsen), Regine Richter (Deutsche Fotothek, Dresden), Susanna Sommer (Landesverein Sächsischer Heimatschutz e.V.), Holde Schröder, Susann Gramm, Kristian Hahn, Detlef Salzmann, Dr. Susanne Lange-Greve, Diana Juhl, Gerburg Eckert, Prof. Gerd Kaden, Dr. Renate Findeklee, Ludwig Thiele, Familie Heymann und Anka Krüger

… den Sponsoren Christian Kott, Gerhard Riebel, Volkmar Rommel, Johannes Zahn

Das Projekt wurde unterstützt von
Dregeno Seiffen eG
Erzgeb. Spielzeugmuseum Seiffen
Manufaktur der Träume, Annaberg-Buchholz
Seiffener Volkskunst eG

Personenregister

Auerbach, Max 1890–1977, Kunstgewerbler u. Drechsler in Seiffen, Hersteller d. Striezelmarktkinder sowie Bergmann u. Engel

Findeisen, Kurt Arnold 1883–1963, Schriftsteller u. Mundartdichter d. Erzgebirges

Flade, Helmut 1928–2003, Drechsler u. Holzgestalter, Olbernhau

Flath, Günter *1932, Schüler v. Max Schanz, Drechsler, Hersteller in Seiffen
Sohn **Flath, Volker** *1956, Hersteller v. Miniaturen u. Pyramiden, Seiffen

Flämig, Martin, Kantor i. Dresden, erwarb eine *Glockenpyramide* in den 50er Jahren
Sohn **Flämig, Andreas** Potsdam, veranlasste Herstellung d. Replikate

Frohs, L. Otto *1902, Spielzeug- u. Räuchermannhersteller
Sohn **Frohs, Walter** 1928–2000 u. **Ursula**, beide Schüler v. Max Schanz, Spielzeughersteller, Räuchermänner

Hahnewald, Edgar 1884–1961, Schriftsteller u. Reisejournalist, emigrierte 1933 in die CSR, 1938 Flucht nach Schweden

Haupt, Georg 1894–1964, Pfarrer in Seiffen 1920–1964

Hempel, Oswald 1895–1945, Künstler, Puppenbauer u. -spieler, Vater d. *Heimatschutzkasper*

Jahreiß, Elfriede 1907–1981, Dresden Kalligraphin u. Spielzeugherstellerin, ab 1946 Mitarbeiterin v. Max Schanz, Krippen, Trachtenfiguren u. Pyramiden

Kappner, Gerhard 1915–2006, Pfarrer u. Professor f. Theologie, erwarb 1950 eine große Schanzpyramide

Kott, Christian Drechsler v. Erzgebirgstypen, Miniaturen

Hinderks-Kutscher, Rotraut 1908–1986 Kinderbuchautorin u. Illustratorin, München, lebte 1933–43 in Berlin

Metzner Annemarie *1925, Schülerin d. Spielwarenschule unter Max Schanz, Chemnitz

Müller, Auguste 1847–1930, Schnitzerin u. Schöpferin *Seiffener Kostbarkeiten und Szenen*
Müller, Karl 1879–1958, Neffe v. Auguste Müller, Volkskünstler, Drechsler, *Seiffener Männelmacher*

Pflugbeil, Kurt *1900, Schüler u. Lehrer an d. Spielwarenfachschule, Kontakte zum Bauhaus

Reichelt, Hans 1922–2003 in Seiffen, Schüler u. Lehrer an d. Seiffener Spielwarenfachschule, Gestalter

Seifert, Alwin 1873–1937 in Leipzig, Sonneberg u. Seiffen, Maler, Gestalter u. Direktor d. Spielwarenfachschule Seiffen

Seyffert, Oskar 1862–1940, Volkskundler, Professor an d. Kunstgewerbeakademie Dresden, Gründer u. Direktor d. Museums im Jägerhof (Oskar Seyffert Museum) Dresden

Stülpner, Karl 1762–1841, Soldat, Wilderer u. Volksheld im Erzgebirge

Ulbricht, Otto 1905–1972, Schüler an d. Spielwarenfachschule, Hersteller d. Kurrende von Max Schanz

Winde, Theodor Arthur 1886–1965, Dresden u. Münster Westf., Bildhauer u. Holzgestalter, Prof. an d. Kunstgewerbeakademie Dresden

Zenker, Hermann 1881–1945, Drechsler u. Spielzeugmacher, Hersteller d. Räuchermänner *Sultan Soliman u. Stülpner Karl*

Bibliografie

Auerbach, Konrad, Dr.
Seiffener Weihnacht 1991
Artikel aus *Drehwerk*
25 / 31 / 44 / 45 / 73 / 76

Erzgeb. Spielzeugmuseum (Hrsg.)
Idee Zeichnung- Produkt 1995
Drechseln und Reifendrehen im Erzgebirge 1994

Findeisen, Kurt Arnold
Das goldene Weihnachtsbuch 1940

Flade, Helmut
Seiffener Spielzeug 1992

Hahnewald, Edgar
Sächsische Heimatbilder 1989

Hinderks-Kutscher, Rottraud
Westermanns Monatshefte 1934

Mundt, Barbara
Theodor Artur Winde 1992

Riebel, Joachim
Erzgebirgische Weihnachtsfiguren 2003

Seyffert, Oskar, Prof. *Spielzeug* 1922

Verein 675 Jahre Seiffen e.V. (Hrsg.)
675 Jahre Seiffen 1999

Briefe, Zeugnisse und Berichte aus dem Nachlass Schanz / Zahn

Foto- und Bildnachweis

Die historischen Aufnahmen stammen überwiegend aus den Familienalben des Nachlasses. Die aufgeführte Autorenschaft haben wir, soweit vorhanden, den Stempeln entnommen. Nach ausführlicher Recherche konnten wir nur in einem Fall eine Nachfolge feststellen.

Familie Carmen Günther, Seiffen
S. 11 [2]

Heimatschutz Sachsen
S. 13 [2]   S. 73   S. 102 [4]
S. 121 [2 – 4]   S. 186 [2]

Spielzeugmuseum Seiffen
S. 22 [2]   S. 38 [1]   S. 97 [5]
S. 101 [3]   S. 102 [2]   S. 108 [2]

Lehmann-Tovote, Leipzig
S. 24 [2]   S. 37 [7]   S. 38 [2]
S. 56 [2]   S. 67 [7]   S. 98 [1]
S. 121 [3]

Dr. Ell
S. 32 [2]   S. 58 [2]

**Münchner Bildbericht,
v. Carlowitz, Berlin**
S. 36 [3]

Mathias Zahn, Schwäb. Gmünd
S. 56 [1]   S. 57 [4 – 6]
S. 172 – 173 [1 – 6]
2019

Thomas Schanz
S. 60 [2]

**Franz Landgraf, Zwickau:
Erben Landgraf, S. Gramm**
S. 66

Hanah Reek, Frankfurt a. M.
S. 83

Seiffener Volkskunst e.G.
S. 90 [2]

Dr. Peter Weller
S. 93 [3]

Verlag Scherl, Berlin
S. 98 [2]   S. 140 [1]   S. 142 [2,3]
S. 143 [4]

Georgi, Schneeberg
S. 141 [3]

Kristian Hahn, Olbernhau
Reproduktionen von Motiven für die Kartenedition 2016
S. 141 [2]   S. 200 [2,3]   S. 201 [5]

Dr. Albrecht Kirsche, Dresden
S. 171
Mettengang, um 1950,
Öl auf Lw., Privatbesitz
Reproduktion Kristian Hahn

**Spielzeugmuseum Nürnberg,
Dieter Hoffmann**
Sammlung D. Salzmann, Erlangen
S. 177 [2]   S. 178 – 179 [1 – 4]

Evangelischer Kunstdienst Sachsen
S. 195 [2]

Sabine Rommel, Schwäb. Gmünd
Alle neuen Spielzeug Studioaufnahmen
2019 + 2020

Alle nachgefragten Aufnahmen wurden uns für das Buch kostenlos überlassen. Wir danken herzlich dafür.
Im Fall weiterer Rechtsansprüche, die wir nicht recherchieren konnten, bitten wir, die Herausgeber zu kontaktieren.

Impressum

Herausgeber,
Konzeption und Gesamtplanung
Mathias Zahn + Sabine Rommel
Schindelackerweg 28
73525 Schwäbisch Gmünd

Verlag
arnoldsche Art Publishers
Olgastraße 137, 70180 Stuttgart

Texte
Dr. Konrad Auerbach, Seiffen Erzgeb.
Dr. Urs Latus, Erlangen
Michael Harzer, Seiffen Erzgeb.
Christoph Grauwiller, Liestal - Schweiz
Peter Rößler, München
Jannik Grimmbacher, Freiburg
Sabine Rommel und Mathias Zahn

Grafische Gestaltung
Julia Rommel, Berlin

Fotografie
Titelbilder und
alle neuen Spielzeug-Studioaufnahmen
Sabine Rommel, Schwäb. Gmünd

Lektorat
Dr. Susanne Lange-Greve, Heubach

Photoshopbearbeitung, Lithografie
Prade Media, Schwäb. Gmünd

Druckberatung
Thomas Rösler, Urbach

Druck und Herstellung
Schleunungdruck, Marktheidenfeld
Schaumann Buchbinderei, Darmstadt
Papier soporset

ISBN 978-3-89790-650-1

Erstauflage Hardcover
Oktober 2020
Zweitauflage Klappenbroschur
September 2021
Printed in Germany

© 2021
arnoldsche Art Publishers, Stuttgart
Sabine Rommel, Mathias Zahn,
Schwäbisch Gmünd.

Alle Rechte vorbehalten. Vervielfältigung und Wiedergabe auf jegliche Weise – auch in Auszügen – nur mit schriftlicher Genehmigung der Copyright-Inhaber:
www.arnoldsche.com
Sabine Rommel, Mathias Zahn

Bibliografische Information der Deutschen Nationalbibliothek.
Die Deutsche Nationalbibliothek verzeichnet diese Publikation in der Deutschen Nationalbibliografie; detaillierte bibliografische Daten sind über www.dnb.de abrufbar.